Kulinarische Köstlichkeiten

Reis

Ulrich Triep

Kulinarische Köstlichkeiten

Reis

Mit 111 Rezepten,
exklusiv fotografiert
für dieses Buch
von
Hans Joachim Döbbelin

SIGLOCH
EDITION

INHALT

Zur Abbildung auf Seite 2:
Wie riesige Kunstwerke wirken die künstlich bewässerten Terrassenfelder auf Bali. Sie wurden angelegt, um die Reisanbaufläche zu vergrößern.

Oben:
Reis ist die wichtigste Kulturpflanze überhaupt, die über die Hälfte der Menschheit ernährt. Für viele Länder der sogenannten Dritten Welt ist Reis absolut lebensnotwendig.

Reis macht glücklich und gesund

Reispflanze und Reiskorn sind so wichtig für die menschliche Ernährung, daß sie auch in den Mythen, Glaubensvorstellungen und Ritualen vieler Völker Ausdruck finden.

„So viele Körner am Brautkleid, so viele Kinder“, frischvermählte Paare werden nach altem Brauch beim Verlassen der Kirche mit Reis beworfen. Ob man ihnen nun Kindersegen oder Reichtum an Geld und Besitz wünscht, stets ist der Reis das Symbol für glückbringende Vermehrung.
Für viele asiatischen Völker ist Reis mehr. Er ist gleichbedeutend mit Leben und Überleben, mit Arbeit, Wohlstand oder Armut. Reis ist ihre Hauptnahrungsquelle, die Reisfelder und eine gute Ernte sichern ihre Existenz. Reis ist für sie ein Geschenk der Gottheit, er wird als heilige Pflanze verehrt. Sie zollen der Reisseele und der Reismutter ihren Respekt, stimmen sie mit Opfergaben aus Reis versöhnlich. Der Reisanbau wird von der Aussaat bis zur Ernte mit vielen kultischen Ritualen begleitet, Einschnitte im menschlichen Leben wie Geburt, Hochzeit, Tod begeht man mit feierlichen Reiszeremonien.
Über die Hälfte der Weltbevölkerung ernährt sich von Reis. Für viele Menschen muß eine Handvoll Reis am Tag ausreichen, um am Leben zu bleiben. Das ist nur möglich, weil Reis besonders viele Nährstoffe enthält, die meisten in Form von Kohlehydraten. Sein Vitaminreichtum, besonders der B-Gruppe, ist beträchtlich. Im Vergleich zu anderen Getreide-

In einigen Gegenden Indonesiens werden Reisgarben als Sitz der Reisseele betrachtet. Bei Erntedankfesten bringt man ihnen Nahrungs- und Trankopfer dar.

arten ist sein Eiweißgehalt etwas gering, dafür ist es aber qualitativ hochwertig und gut verwertbar. Reis enthält besonders viele wichtige Mineralstoffe, zudem in einer günstigen Kombination, er wird daher auch als Diätkost verwendet. Jedes Reiskorn ist eine kleine Wunderkapsel, mit der unsere traditionellen europäischen Getreidearten nicht konkurrieren können. Da Reis wenig Fett enthält, sind seine Kalorien gering, das macht ihn gerade für die moderne Ernährung so attraktiv.
All dies gilt im vollen Maße besonders für Naturreis, in etwas eingeschränkter Form auch für den Parboiled Reis. Ernährungsbewußte räumen daher dem Naturreis einen bevorzugten Platz auf ihrem Speisezettel ein. In Verbindung mit Eiweißspendern wie Hülsenfrüchten, Fisch oder Fleisch wird er zur idealen Mahlzeit. Zudem ist Naturreis leichtverdaulich und trägt durch seinen Gehalt an Kalium und Phosphor bei zugleich wenig Natrium zu einer entschlackenden Wirkung bei. Viele Schlankheitskuren basieren deshalb auf Reis. Aber nicht nur der Schönheit oder der Gesundheit zuliebe lohnt es sich, öfter einmal ein Reisgericht in den wöchentlichen Speiseplan aufzunehmen. Das Schlemmervergnügen kommt dabei keineswegs zu kurz.
Kein Wunder, daß heute der Reis in der europäischen Küche wieder eine beliebte Beilage ist für viele Speisen und die Grundlage bildet für viele Gerichte, von Vorspeisen über Hauptgerichte bis hin zu leckeren Desserts. In einigen Ländern wie Spanien und Italien wurden Reisspeisen wie Paella oder Risotto zum Nationalgericht. Weitverbreitet findet man asiatische Restaurants, die in die Vielfalt und den Wohlgeschmack raffiniert zubereiteter Reisgerichte der fernöstlichen Küche einführen.
Reisende in Indonesien und China entdecken vorort noch manche neue Köstlichkeit mit Reis. Mit diesem Reisbuch kann man sich auf eine ebenso interessante kulinarische Entdeckungsreise begeben. Eine Reise, von der man immer wieder aufs neue zehren und deren Erlebnisse man Gästen so richtig schmackhaft servieren kann.

Oben: Die Arbeit auf dem Reisfeld ist anstrengend und macht hungrig. In Thailand ist es üblich, daß der Grundbesitzer für das Essen sorgt. Nicht selten wird gute Arbeit mit Nahrungsmitteln, wie etwa einem Schwein, entlohnt.

Vielfältig sind die Verwendungsmöglichkeiten von Reis. Diese Thailänderin bereitet aus Reiskörnern durch Stampfen Mehl, das gesiebt wird und aus dem Fladen für das Neujahrsfest gebacken werden.

Ein kleines Korn ganz gross

In den meisten asiatischen Ländern ist der Reisanbau vom Säen und Pflanzen bis zur Ernte noch Handarbeit.

Überall auf der Welt gibt es Reis

Reis ist eine der wichtigsten Kulturpflanzen der Erde und kann auf eine vieltausendjährige Anbautradition zurückblicken. Zum ersten Mal angepflanzt wurde er vermutlich in den Ländern Süd- oder Südostasiens, da sie die geeigneten ökologischen Voraussetzungen bieten. Die meisten Reispflanzen benötigen reichlich Wasser, Wärme und Sonne.

Viele Legenden ranken sich um die Herkunft des Reises. So soll der chinesische Kaiser Chen-nung vor etwa 5000 Jahren Reiskörner von seinen Reisen aus dem Süden mitgebracht und seine Untertanen den Anbau gelehrt haben. Die feuchtwarmen, fruchtbaren Uferschwemmlandschaften des Jangtsekiang (Chang Jiang) boten für den Reis ein ideales Anbaugebiet. Demzufolge wurde in Thailand schon zu einem früheren Zeitpunkt als in China Reis kultiviert, nach Indien gelangte er nach neuen Erkenntnissen erst etwas später.

Reisende, die auch nur einmal miterleben konnten, wie reichlich Reis die Mühen des Anbaus lohnt, waren natürlich interessiert, ihn mit in ihre Heimat zu nehmen, sofern dort die entsprechenden klimatischen Bedingungen herrschten. So fand der Reis auch nach Westen Verbreitung und gelangte schon im dritten Jahrhundert vor Christus über Persien an den Nil. Von dort nahmen ihn einige Jahrhunderte später die Mauren mit nach Spanien, seit dem 15. Jahrhundert baut man in der Poebene Norditaliens Reis an. Auch in Frankreich wird in der Camargue noch heute Reis angebaut, obwohl weite Sumpfgebiete des Rhône-Deltas inzwischen trockengelegt wurden. Sowohl in der Camargue als auch in der Poebene versuchen heute einige Bauern, Reis biologisch-dynamisch, also mit völliger Schadstoffvermeidung anzubauen. Auch in vielen Anbaugebieten Asiens werden hier schon Anstrengungen unternommen.

In die USA gelangte der Reis im 17. Jahrhundert, zunächst in die Sumpfgebiete South Carolinas. Heute wird Reis auch in anderen nordamerikanischen Staaten angepflanzt, in Louisiana, Arkansas, Texas, Missouri, Mississippi und in Kalifornien.

Auf dem europäischen Markt erhältlich sind zumeist Reissorten aus den USA, dem Hauptexpor-

teur von Reis. Ein geringerer Teil stammt aus Thailand, spezielle Sorten auch aus China und aus Indien. Mittel- und Rundkornreis kommen vor allem aus Italien und Spanien.

Der Ertrag lohnt die Mühe

Ein ausgesätes Reiskorn kann zwischen 1000 und 3000 reife Körner tragen, so ist der Reisanbau wegen seiner Ergiebigkeit für die weltweite Ernährung der Menschheit von großer Bedeutung. Mit etwa 350 Millionen Tonnen pro Jahr (ca. 450 Millionen Tonnen ungeschält) übersteigt der Ertrag an Reis bei weitem den aller anderen Getreidearten.

Für den Reisanbau gelten gewisse klimatische Einschränkungen. Während Getreide noch bis in den hohen Norden angepflanzt werden kann, gedeiht Reis vor allem in den tropischen und subtropischen Regionen, da er hohe Ansprüche an Wärme, Licht und Feuchtigkeit stellt. Daher liegen die Hauptanbaugebiete im asiatischen Raum und im Süden der USA, kleinere Anbaugebiete finden sich in Südamerika, Afrika, Australien und in Europa in Spanien, Frankreich und Italien. Eine Ausnahme bildet der Trocken- oder Bergreis, der in Regionen mit geringen Niederschlägen in Höhen zwischen 1000 bis 2000 Metern angebaut

Nachdem die Reissaat in Aufzuchtbeeten ausgebracht wurde, dauert es je nach Bewässerung und Klima 30 bis 40 Tage, bis die Schößlinge in die vorbereiteten Felder umgepflanzt werden können.

Nächste Doppelseite: Im tropischen Klima Balis findet Reis ideale Wachstumsbedingungen, denn er stellt ziemlich hohe Ansprüche an Bodenbeschaffenheit und Klima. Einige Sorten können jedoch bis weit in subtropische Gebiete hinein angebaut werden, solange die Quecksilbersäule nicht unter 10 Grad Celsius fällt.

Erst das Trennen der Spreu vom Korn macht Reis für den Menschen genießbar.

wird. Die Felder werden nach der Aussaat nicht geflutet, sondern nach Bedarf bewässert, der Trockenreis reift dann wie andere Getreidesorten heran. Er ist jedoch nicht so ergiebig wie Naßreis, sein Anteil an der Welternte gering.

Die weiteste Verbreitung hat der Naßreis, auch Wasserreis genannt, gefunden. Er wächst auf Feldern, die künstlich oder durch Regen bewässert werden, oder in Schwemmlandschaften von Flußniederungen. Beeindruckend ist in Asien der Reisanbau an Berghängen auf kunstvollen, durch Mauern gestützten Terrassen, die so angelegt sind, daß das Wasser je nach Bedarf von einer Terrasse zur nächsten abfließen kann.

Die Aussaat erfolgt in den einzelnen Reisanbauländern unterschiedlich. So werden in Indien die Reiskörner auf dem vorbereiteten Boden ausgesät. Wenn dann im Juni der Monsunregen einsetzt, sind die Pflänzchen schon so weit entwickelt, daß ihre grünen Spitzen aus der Erde herausragen. In Japan, China und Südostasien zieht man die Reispflanzen in Saatbeeten heran. Nach etwa vier Wochen werden die Setzlinge herausgenommen und von Hand in die vorbereiteten und gefluteten Felder gepflanzt. Nach einer Wachstumszeit von drei bis sechs Monaten wird das Wasser abgelassen. Die inzwischen gelblich verfärbten 80 bis 120 Zentimeter hohen Reispflanzen können trocknen, dann schneiden die Reisbauern die volltragenden Rispen von den Halmen. Sie werden in der Sonne ausgebreitet und anschließend gedroschen. In Asien geschieht dies zum Teil noch von Hand wie vor Jahrtausenden.

In den USA setzt man für alle Arbeitsgänge inzwischen Maschinen ein. Großflächig wird der Boden zur Vorbereitung umgepflügt und flachgewalzt, dann leitet man in die gezogenen Bewässerungsfurchen Wasser ein. Der bereits vorgequollene und gekeimte Reis wird mit Flugzeugen ausgesät. Die Körner können sich im Schlamm schnell entwickeln, die Reispflanzen brauchen nicht mehr umgesetzt zu werden. Wenn die Felder trocken und die Reiskörner reif sind, wird die Ernte mit riesengroßen Mähdreschern eingebracht.

In den europäischen Ländern sät man den Reis mit Drillmaschinen aus. Erst dann werden die Felder geflutet.

Die Ernte wird mit gemeinsamen Kräften eingebracht, dabei hilft oft das gesamte Dorf. Sind die Reiskörner aus ihren Ähren herausgedroschen, werden sie zum Trocknen ausgelegt.

Für jeden ist eine Lieblingssorte dabei

Die Artenvielfalt des Getreidegrases Oryza sativa regte zu immer neuen und besseren Züchtungen an, viele Tausende wurden inzwischen im Internationalen Reisforschungszentrum registriert. Dabei sind aber nur einige für die Küche von Bedeutung.

Reis unterscheidet man nach der Form der Körner in drei biologische Grundtypen.

Langkornreis

Die 6 bis 8 mm langen Reiskörner kochen körnig-trocken. Weil sie weniger Stärke als Mittel- und Rundkornreis enthalten, nehmen sie beim Garen auch weniger Wasser auf. Langkornreis eignet sich besonders gut für Salate, Suppen, Eintöpfe, Aufläufe und als Beilage. Im Handel sind verschiedene Sorten erhältlich:
Patna-Reis stammt ursprünglich aus Indien. Heute wird er hauptsächlich in den USA angebaut. Man findet ihn auch als Schnellkochreis.
Karolina-Reis, ebenfalls aus den USA, ähnelt in Geschmack und Kocheigenschaften dem Patna-Reis.
Siam-Reis aus Hinterindien hat besonders dünne, lange Körner.
Basmati-Reis wird vor allem in Indien, Pakistan und Bangladesch angebaut. Sein Name bedeutet Duft, der sich bereits beim Kochen der schlanken Körner angenehm bemerkbar macht. Diese Reissorte eignet sich gut für orientalische Gerichte.
Roter Reis wird in Indien und in der Camargue angepflanzt. Er besitzt einen kräftigen Eigengeschmack. Die Farbe erhält er von seiner Schale.
Duftreis stammt aus China oder Thailand. Sein zarter Duft macht ihn für Reisgerichte zu besonderen Anlässen sehr beliebt.

Mittelkornreis

Diese Reissorten haben etwas kürzere, aber dickere Körner als Langkornreis. Sie kochen körnig-cremig. Im Handel wird hauptsächlich Mittelkornreis aus Italien angeboten.
Arborio-Reis ist für Risotto-Gerichte besonders geeignet.
Vialone-Reis kommt vor allem als Parboiled Reis auf den Markt, ist aber auch unbehandelt erhältlich. So kann man ihn besser für Risottos verwenden.
Razza-Reis, ein typischer Reis für italienische Risottos, wird leider kaum exportiert.

Rundkornreis

Seine fast runden Körner kochen weich-klebend. Er ist unter verschiedenen Bezeichnungen im Handel.
Rundkornreis aus Spanien zeigt die bei Paella-Gerichten so geschätzten Eigenschaften. Wegen des hohen Stärkegehaltes kleben die Körner beim Garen

leicht aneinander, dabei haben sie im Kern noch Biß.
Milchreis kocht breiig, da sein geschliffenes und poliertes Korn einen großen Stärkeanteil besitzt. Diese Konsistenz ist bei Süßspeisen erwünscht.
Klebreis, dessen Körner beim Garen besonders stark aneinanderhaften, ist in der asiatischen Küche sehr beliebt. Er läßt sich gut mit Stäbchen aufnehmen und für dekoratives Anrichten leicht formen.

Wildreis

Eng verwandt mit dem Kulturreis ist das Rispengras *Zizania aquatica*, das an den klaren Gewässern kanadischer und nordamerikanischer Seen wild wächst. Wildreis ist wegen der auf kleine Regionen beschränkten Anbaugebiete und der arbeitsaufwendigen Erntemethoden das wohl teuerste Getreide überhaupt. Er wird vom Kanu aus geerntet, indem die Körner mit Stöcken aus den Ähren geschlagen werden. Die dunkelbraunen bis schwarzen langen Körner haben einen hohen Gehalt an Eiweiß und Mineralstoffen, der Fettanteil ist gering. Wildreis ist daher lange haltbar. Sein delikater intensiver Geschmack macht ihn zur begehrten Beilage für Feinschmeckergerichte. Man kann ihn auch vorteilhaft mit anderen Reissorten mischen.

Der ernährungsphysiologische Wert des Reises hängt vor allem davon ab, ob das einzelne Korn in sogenannten Reismühlen durch Schleifen und Polieren seines Silberhäutchens beraubt wurde. Durch diese Vorbehandlung wird Reis zwar länger haltbar, verliert aber einen Großteil seines Vitamin-, Eiweiß- und Mineralstoffgehaltes.

Reis für Gesundheitsbewußte und Eilige

Der Vitamin-, Eiweiß-, und Mineralstoffgehalt von Reis hängt im wesentlichen von der Vorbehandlung des Korns ab. Reis ist in folgenden vorbehandelten Formen bei uns erhältlich.

Naturreis, auch als *Cargo-*, *Braun-* oder als *Vollkornreis* bezeichnet, ist wegen seiner Vollwertigkeit sehr gesund. Nur die ungenießbare Außenhülle des Korns wird entfernt, die Silberhaut und die darunterliegenden Vitamine und Mineralstoffe bleiben erhalten.

Parboiled Reis wird durch ein Dampf-Druck-Verfahren vorbehandelt, bei dem ein Großteil der wertvollen Inhaltsstoffe in das Innere des Korns gepreßt wird. Bei trockener, kühler Lagerung ist er lange haltbar.

Weißreis heißt der geschliffene und polierte Reis. Er besteht vorwiegend aus Stärke und ist fast unbegrenzt haltbar.

Kochbeutelreis muß nur in kochendes Wasser gelegt werden.

Schnellkochreis (Kurzzeitreis) wurde bereits vorgekocht und wieder getrocknet, er benötigt nur noch etwa 5 Minuten für die Zubereitung.

Reis ist nicht gleich Reis, und dies ist nur ein kleiner Eindruck von den vielen unterschiedlichen Sorten, die weltweit angebaut werden.
Obere Reihe von links nach rechts: Langkorn-Reis, Langkorn-Naturreis, Parboiled Langkornreis.
Zweite Reihe: Riesenkorn-Reis, schwarzer Wildreis, Basmati-Reis, Roter Reis aus Thailand.
Dritte Reihe: Roter Reis aus der Camargue, weißer Klebreis, schwarzer Klebreis, grüner Reis.
Vierte Reihe: Duftreis, Milchreis, Rundkorn-Naturreis, Risotto-Reis.

Tips und Tricks aus der Reisküche

In Asien werden gerne die Bambusbehälter zum Dämpfen des Reises verwendet. Sie lassen den Wasserdampf, der für das Garen notwendig ist, ungehindert durch.

Ein paar Hinweise sichern das Gelingen der Reisrezepte und helfen bei der Vorratshaltung.

Reis lagern und vorbereiten: Reis immer kühl, trocken und dunkel aufbewahren, am besten in der Originalverpackung oder in einer gut verschließbaren Dose, da er schnell fremde Gerüche annimmt. Naturreis sollte spätestens nach 3 Monaten verbraucht sein. Im Kühlschrank hält er sich länger.

1 Tasse von 160 ml Inhalt faßt etwa 150 g rohen Reis.

Es reichen für eine Portion als

Suppeneinlage	etwa 25 g
Beilage	etwa 50–60 g
Hauptgericht	etwa 100 g

Reis quillt beim Garen auf etwa das Dreifache seines Volumens, Natur- und Wildreis auf das Vierfache.

Ob Reis vor dem Kochen gewaschen werden muß, hängt von der Vorbehandlung ab. Die handelsüblichen Reissorten sind in der Regel gereinigt, so daß darauf verzichtet werden kann. Im Zweifelsfall sollte man sich nach den Angaben auf der Verpackung richten.

Parboiled Reis und Schnellkochreis müssen nicht gewaschen werden.

Reis kochen: Reis zum Garen stets in bereits kochendes Wasser oder Brühe geben und bei möglichst niedriger Temperatur quellen lassen. Den Deckel während des Quellens nicht abheben.

Nach dem Garen die Körner mit einer Gabel auflockern, damit sie nicht aneinander kleben.

Reis nie im Topf abkühlen lassen, er wird sonst trocken und hart.

Um gekochten Reis warmzuhalten, stellt man ihn am besten im festverschlossenen Topf in den auf 60 °C vorgeheizten Backofen.

Es lohnt sich, stets eine größere Menge Reis zu garen, vorgekocht läßt er sich für viele Rezepte leicht verwenden.

Reisreste aufbewahren und verwerten: Gut abgedeckt können Reisreste im Kühlschrank etwa 5 Tage und im Gefrierschrank etwa 6 Monate aufbewahrt werden.

Zum Aufwärmen pro Tasse Reis 2 Eßlöffel Wasser dazugeben und einige Minuten im geschlossenen Topf erhitzen. Oder den Reis mit 2 Eßlöffel Wasser für ungefähr 10 Minuten in den auf 60 °C vorgeheizten Backofen stellen. Man kann den Reis auch in einen Bambusdämpfer oder in ein Sieb geben und für ungefähr 5 bis

10 Minuten über kochendem Wasser erhitzen. Anschließend mit einer Gabel auflockern, damit die Körner nicht aneinanderkleben. Im Mikrowellengerät dauert das Aufwärmen einer Menge von etwa 1 Tasse Reis in einer geeigneten Schüssel mit Deckel etwa 1 Minute bei höchster Leistung. Tiefgefrorener Reis wird in einem geeigneten Beutel für ungefähr 5 Minuten in kochendes Wasser gehalten.

Zum Auftauen in der Mikrowelle den Reis in eine geeignete Schüssel umfüllen. Für die Menge von einer Tasse sind 1 bis 2 Minuten bei höchster Leistung nötig.

Gesunde Reisküche: Knackig frische Reiskeimlinge aus Naturreis schmecken in Salaten, Suppen und anderen Gerichten, aber auch auf belegte Brote gestreut hervorragend, und man tut der Gesundheit etwas Gutes. Sie können in einem Glas oder Keimapparat gezogen werden. So erhält man das Zehnfache des Vitamingehaltes der ursprünglichen Körner. Für das Keimen ist eine Temperatur von 20 bis 25 °C nötig. Mindestens zweimal am Tag sollten die Körner gewässert werden. Sobald die Keime 5 bis 10 mm lang sind, werden sie gewaschen und verwendet.

Polierter Reis kann lange gelagert werden, ohne daß er an Qualität einbüßt. Wichtig ist nur, daß er keiner Feuchtigkeit ausgesetzt wird.

So gelingt Reis immer

Körnig und locker, so liebt man den Reis überall in der Welt. Für Stäbchenesser gibt es den Klebreis, dessen einzelne Körner besser aneinanderhaften.

Reis richtig zu kochen ist eigentlich kinderleicht. Man benötigt dazu tatsächlich nur Reis, Flüssigkeit, einen Topf und eine Wärmequelle. Dennoch scheuen sich viele vor der Zubereitung von Reisgerichten. Das könnte damit zusammenhängen, daß so viele Reissorten erhältlich sind und nicht immer klar ist, wie sie zubereitet werden. Es gibt drei Grundzubereitungsarten, die sich dadurch unterscheiden, in welcher Form und Menge dem Reiskorn die Flüssigkeit zugeführt wird, die es schließlich weich macht: Quellreis, Wasserreis und gedämpfter Reis. Dabei sind Flüssigkeitsmengen und Kochdauer vor allem von zwei Faktoren abhängig: von der Reissorte und vom Alter des Reises. Reis, der schon länger gelagert wurde, benötigt länger, um gar zu werden. Deshalb sollte man sich grundsätzlich immer an die Angaben auf der Verpackung halten und, falls man unsicher ist, eine Garprobe machen. In den Rezepten dieses Kochbuches wird fast immer Quellreis zubereitet, weil auf diese Art mehr Nährstoffe erhalten bleiben als bei der Zubereitung von Wasserreis, bei dem die im Kochwasser gelösten Nährstoffe verloren gehen.

Quellreis

1 3/4 Tassen (etwa 280 ml) Wasser oder Brühe, 1 Tasse (etwa 150 g) Langkorn-Reis, Salz

Wasser zum Kochen bringen, Reis und Salz hineingeben. Sprudelnd aufkochen lassen, einmal durchrühren und zugedeckt ohne weiteres Umrühren bei niedriger Temperatur quellen lassen, Weißreis und Parboiled Reis etwa 18 Minuten, Naturreis mit 2 Tassen Wasser etwa 30 bis 45 Minuten. Nach Belieben Butter, Safran, Kurkuma, Curry oder Kräuter hinzufügen.

Wasserreis

1 1/2 Liter Wasser, 1 Tasse (etwa 150 g) Langkorn-Reis, Salz, 1 EL Öl

Wasser zum Kochen bringen. Reis hineingeben, Salz und Öl hinzufügen, kurz umrühren und ohne Deckel kochen lassen, Weißreis und Parboiled Reis etwa 15 Minuten, Naturreis mit 2 Tassen Wasser etwa 30 bis 45 Minuten. Reis in einem Sieb mit kaltem Wasser übergießen. Für etwa 2 Minuten in den Topf zurückgeben und trocknen lassen. Oder auf einem Backblech ausbreiten, mit Butterflöcken besetzen und im vorgeheizten Backofen 10 bis 15 Minuten trocknen lassen.

Gedämpfter Reis

Diese Zubereitung wird vor allem in Asien geschätzt. Dort gibt es dafür aus Bambus geflochtene Behälter, die den Wasserdampf gut durchlassen, und spezielle Reiskocher. Die gewünschte Menge Langkornreis waschen und mehrere Stunden oder über Nacht in kaltem Wasser einweichen. Anschließend den abgetropften Reis in einen Bambusdämpfer oder in den mit einem Mulltuch ausgelegten Einsatz eines Dampfkochtopfes oder in ein ausgelegtes Sieb füllen, abdecken und über kochendem Wasser zugedeckt, je nach Sorte, etwa 30 Minuten garen.

Pilaw

2 El Öl oder 2 EL Butter, 1 feingewürfelte Zwiebel, 1¾ Tassen (etwa 280 ml) Brühe, 1 Tasse (etwa 150 g) Langkornreis

Öl oder Butter erhitzen, Zwiebel darin dünsten. Reis dazugeben, glasig schwitzen, mit Brühe ablöschen. Aufkochen, einmal durchrühren. Weißreis und Parboiled Reis abgedeckt etwa 18 Minuten, Naturreis mit 2 Tassen Brühe etwa 30 Minuten ausquellen lassen. Butterflöckchen darübergeben und mit einer Gabel auflockern. Nach Belieben eine kleingehackte Knoblauchzehe mitdünsten oder eine kleingehackte gedünstete Tomate zugeben.

Ein kleines Korn zwar, aber kulinarisch ist es ganz groß: Mit Reis lassen sich alle Nahrungsmittel gut kombinieren.

Die Reistafel gibt einen Eindruck von der Vielseitigkeit und den Kombinationsmöglichkeiten von Reis. Doch ganz so aufwendig muß es ja nicht gleich werden. In den folgenden Rezepten finden Sie für jeden Geschmack und Anlaß Gerichte aus der internationalen Reisküche. Wir wünschen gutes Gelingen und einen gesegneten Appetit!

Risotto

Für ein Risotto benötigt man Mittel- oder Rundkornreis. Die besten Sorten dafür kommen aus Italien. Risottoreis muß viel Flüssigkeit aufnehmen können und gleichzeitig im Kern noch schön bißfest, also al dente bleiben.

2 EL Butter, Olivenöl oder Rindermark, 1 Zwiebel, 1 Knoblauchzehe, 1 Tasse (etwa 150 g) Rund- oder Mittelkornreis, ungefähr 2½ Tassen (etwa 400 ml) Brühe

Butter, Olivenöl oder Rindermark erhitzen. Zwiebel fein würfeln und glasig dünsten, zerdrückte Knoblauchzehe dazugeben. Reis hineingeben und in etwa 2 Minuten glasig schwitzen. Kochende Brühe nach und nach hinzufügen und unter häufigem Rühren bei mittlerer Hitze etwa 18 Minuten garen lassen. Neue Flüssigkeit immer erst dazugeben, wenn die Brühe aufgesogen ist. Der fertige Reis sollte eine breiige Konsistenz haben. Man kann auch ein Glas trockenen Weißwein hinzufügen, kleingeschnittenes Gemüse wie Lauch, Karotten oder Sellerie mitdünsten oder Safran und gehackte Kräuter dazugeben. Salz, ein Stück Butter und frisch geriebener Parmesankäse runden den Geschmack ab.

Wildreis

1 Tasse (etwa 150 ml) Wildreis, 3 Tassen (etwa 480 ml) Wasser, Salz

Reis mit heißem Wasser übergießen, 1 Stunde stehen lassen. Wasser zum Kochen bringen. Den abgetropften Reis mit Salz hineingeben, einmal durchheben und bei niedriger Temperatur zugedeckt etwa 40 bis 45 Minuten ausquellen lassen. Nach Belieben Butterflöckchen daraufgeben.

Milchreis

3 Tassen (etwa 480 ml) Milch, 1 Vanilleschote, Schale von 1 unbehandelten Zitrone, 1 Zimtstange, etwas Zucker, Salz, 1 Tasse (etwa 150 g) Milchreis

Milch mit einem Stück aufgeschnittener, ausgeschabter Vanilleschote, einem Stück Zitronenschale und einem Stück Zimtstange aufkochen lassen. Zucker, eine Prise Salz und den Reis hineingeben. Einmal umrühren und Weißreis zugedeckt bei niedriger Temperatur etwa 22 Minuten garen lassen, Naturreis etwa 30 bis 45 Minuten. Vor dem Servieren Vanilleschote, Zitronenschale und Zimtstange entfernen, nochmals abschmecken.

Appetithappen, Vorspeisen und Salate

Gefüllte Tomaten

4 mittelgroße Tomaten
1 Frühlingszwiebel
80–100 g frische Champignons
2 EL Butter
Salz
frisch gemahlener weißer Pfeffer
1 Tasse gekochter Langkornreis
1 EL gehackte Petersilie
1 EL Gänseleberpastete
Fett für die Form

Zum Garnieren:
Salatblätter
2 Zweige Petersilie

Pro Person etwa
235 kcal/983 kJ
4 g E · 10 g F · 33 g Kh

Von den gewaschenen Tomaten einen Deckel abschneiden und die Früchte aushöhlen. Die Frühlingszwiebel putzen und in dünne Ringe schneiden. Die Champignons putzen und kleinhacken. 1 Eßlöffel Butter in einer Pfanne erhitzen und die Zwiebelringe mit den Champignons darin andünsten. Salzen und pfeffern. Den gekochten Reis und die Petersilie zufügen und vermischen. Vom Herd nehmen und die Gänseleberpastete unterrühren. Die Masse in die Tomaten füllen, mit Flöckchen von der restlichen Butter belegen und in eine gefettete feuerfeste Form setzen. Mit Aluminiumfolie abdecken und für etwa 10 Minuten in den auf 175 °C gut vorgeheizten Backofen stellen. Die gefüllten Tomaten auf Salatblättern anrichten und mit Petersilie garnieren.

Als die Spanier Mexiko entdeckten, wurde ihnen von den Azteken neben vielen anderen unbekannten Früchten auch „tomatl“ vorgesetzt. Es dauerte aber noch über 200 Jahre, bis die Tomate Eingang in Europas Küchen fand. Große sonnengereifte Freilandtomaten eignen sich für dieses Gericht am besten.

Reis in leckeren Päckchen

FRÜHLINGSROLLEN
Für etwa 10–12 Stück
140 g Klebreis
2 EL Austernsauce
2 Zweige asiatisches Koriandergrün
2 Zweige Basilikum
200 g gegarter Fisch (z.B. Seebrasse, Lachs, Thunfisch, Makrele)
1–1½ EL Crème fraîche
Salz, weißer Pfeffer
10–12 Reisblätter
etwa ½ Liter Öl

Pro Person etwa
276 kcal/1155 kJ
11 g E · 12 g F · 27 g Kh

REISBEUTEL MIT GARNELEN
Für die Crêpes:
60 g Weizenmehl
1 Ei, 125 ml Milch
20 g Butter, Salz
Für die Füllung:
1 EL Butter
6–8 EL gekochte Reisreste
100 g vorbereitete Garnelen
½–1 TL geriebener Bottarga
Salz, weißer Pfeffer
2 Zweige Zitronenmelisse
Butter zum Ausbacken
1 langes Lauchblatt
Sojasauce nach Belieben

Pro Person etwa
284 kcal/1189 kJ
11 g E · 12 g F · 30 g Kh

FRÜHLINGSROLLEN (oben)
400 ml Wasser aufkochen. Den Reis hineingeben, durchrühren und zugedeckt bei niedriger Temperatur etwa 16 Minuten ausquellen lassen. Noch warm mit Austernsauce beträufeln. Koriander- und Basilikumblättchen von den Stielen zupfen. Mit dem Fisch im Mixer oder mit dem Schneidstab pürieren und zu dem Reis geben. Crème fraîche unterziehen, salzen und pfeffern. Reisblätter mit Wasser benetzen, 2 bis 3 Minuten einwirken lassen. 1 bis 1½ Eßlöffel Füllmasse diagonal auf das Reisblatt legen, die Seiten einschlagen und aufrollen. In heißem Öl einige Minuten fritieren.

Diesem Gericht verleiht der feine, süße Geschmack der Austernsauce seine typische Note. Sie wird aus in Sojasauce und Salzwasser gekochten Austern hergestellt und ist aus der kantonesischen Küche nicht wegzudenken. Austernsauce wird in asiatischen Läden in Flaschen oder in Dosen angeboten. Bei Dosenware empfiehlt es sich, die Sauce nach dem Öffnen in eine Flasche umzufüllen. Gekühlt kann sie so längere Zeit gelagert werden.

REISBEUTEL MIT GARNELEN (unten)
Für die Crêpes: Aus dem Mehl, dem Ei, der Milch und der flüssigen Butter einen Teig rühren und ½ Stunde ruhen lassen.
Für die Füllung: Die Butter in einer Pfanne zerlaufen lassen. Den Reis und die Garnelen zufügen, unter Rühren erhitzen. Bottarga darüberstreuen, mit Salz und Pfeffer würzen und die von den Zweigen gezupften und gehackten Zitronenmelisseblättchen unterrühren.
Aus dem Teig dünne Crêpes backen. Etwas Füllmasse daraufgeben, zu Beuteln formen und mit blanchierten Lauchstreifen zubinden. Nach Belieben mit Sojasauce servieren.

Bottarga ist an Luft und Sonne getrockneter und gemahlener Rogen von Seefischen. Diese Spezialität stammt aus Sardinien, ihr verdanken diese Reisbeutel den köstlichen Geschmack.

Gefüllte Avocados

Für 4–6 Personen

1 Zwiebel
2–3 EL Öl
120 g Langkorn-Wildreis-Mischung
Salz
frisch gemahlener schwarzer Pfeffer
½ Glas trockener Weißwein
etwa 350 ml Gemüsebrühe
100 g feine Tiefkühlerbsen
2 TL Butter
2–3 Avocados (je nach Größe)
3 TL Zitronensaft
125 g vorbereitete Garnelen
Worcestershiresauce

Pro Person etwa
270 kcal/1130 kJ
8 g E · 13 g F · 27 g Kh

Tip:
Als Variante die Avocados halbieren und das Fruchtfleisch herauslösen, ohne die Schale zu zerstören, Fruchtfleisch pürieren. 2 bis 3 Eßlöffel Currymayonnaise unterziehen und mit Reis, Erbsen und Garnelen vorsichtig vermischen. In die Schalenhälften füllen und mit einer Garnele verzieren.

Die Zwiebel schälen und fein würfeln. Das Öl erhitzen und die Zwiebel darin andünsten. Den Reis dazugeben, glasig schwitzen, salzen, pfeffern, mit Wein und Brühe ablöschen. Einmal durchheben und zugedeckt ohne Umrühren 18 bis 20 Minuten bei niedriger Temperatur ausquellen lassen. Anschließend erkalten lassen.
Die tiefgekühlten Erbsen mit der Butter und 1 Eßlöffel Wasser in der Mikrowelle bei 600 Watt abgedeckt etwa 4 bis 5 Minuten garen. Oder mit der Butter und mit 4 bis 5 Eßlöffel Wasser in einem Topf 4 bis 5 Minuten bei schwacher Hitze kochen, dann abkühlen lassen.
Die Avocados halbieren und den Kern herauslösen. Die Avocadohälften mit Zitronensaft bestreichen. Reis, Erbsen und Garnelen vermischen. Mit Salz, Pfeffer und Worcestershiresauce abschmecken und in die Avocadohälften füllen. Gut gekühlt und durchgezogen servieren.

Unreif geerntete Avocados kann man gut bei Zimmertemperatur nachreifen lassen. Der Reifeprozeß wird beschleunigt, wenn man sie zusammen mit reifen Äpfeln lagert, die zudem das feine Aroma des Fruchtfleisches noch besser zur Entfaltung bringen. Ob die Avocado reif ist, läßt sich durch leichten Druck auf ihre Schale prüfen. Sie muß etwas nachgeben. Das Fruchtfleisch der Avocado enthält bis zu 30% Fett, viele Vitamine, besonders der Gruppe B, aber auch die Vitamine A, C und E sowie viele wertvolle Mineralstoffe. Avocados sind somit eine ideale Grundlage für eine köstliche Vorspeise.

Grüne Terrine

250 g frischer Spinat
(200 g nach dem Putzen)
oder 200 g Tiefkühlspinat
1 Zwiebel
30 g Butter
180 g Risottoreis (Arborio)
100 ml Weißwein
knapp ½ Liter
Gemüsebrühe
Salz
frisch gemahlener
weißer Pfeffer
200 g Mascarpone
3 Eier
10 g Speisestärke
200 g Garnelen
Butter für die Form

Pro Person etwa
465 kcal/1946 kJ
25 g E · 17 g F · 44 g Kh

Den Spinat verlesen, grobe Stiele abschneiden und unter fließendem kalten Wasser waschen. Mit dem anhängenden Wasser in einen Topf geben und abgedeckt 5 bis 8 Minuten dünsten. Zwiebel kleinschneiden. Butter erhitzen und die Zwiebelwürfel darin glasig dünsten. Den Reis zugeben, durchschwitzen lassen und mit dem Weißwein ablöschen. Wenn die Flüssigkeit verkocht ist, nach und nach unter häufigem Rühren die Brühe zugießen. Salzen und pfeffern. Etwa 18 Minuten kochen, bis der Reis gar, aber noch bißfest ist. Den Spinat pürieren. Mascarpone, Eier und Speisestärke zugeben. Den Reis und die Garnelen zufügen und abschmecken. Eine Terrinenform einfetten und die Masse hineinfüllen. Im heißen Wasserbad im vorgeheizten Backofen bei 170 °C etwa 60 bis 70 Minuten sieden lassen. Oder bei 360 Watt 12 bis 15 Minuten abgedeckt in die Mikrowelle stellen, noch weitere 5 Minuten zum Nachgaren im Gerät stehenlassen.

Grüne Saucen sind bekannt, aber auch diese grüne Terrine hat es in sich. Sie kann als Vorspeise, aber auch zu einem kalt-warmen Buffet serviert werden.

Fritierte Reisbällchen

HACK-REISBÄLLCHEN
Für etwa 20–25 Bällchen
1 Frühlingszwiebel
1–2 Knoblauchzehen
½ Bund thailändisches Koriandergrün
300 g mageres Hackfleisch
150 g gekochter Klebreis
Salz, schwarzer Pfeffer
1 Liter Sojaöl
Knoblauchmayonnaise oder eine thailändische Würzsauce

Pro Person etwa
518 kcal/2168 kJ
18 g E · 35 g F · 31 g Kh

LOUISIANA-REISBÄLLCHEN
1 Zwiebel
1 Knoblauchzehe
1 kleiner Zucchino (125 g)
1 Karotte, 25 g Butter
300 g Garnelen
½ Bund glatte Petersilie
1 Tomate, 2 EL Olivenöl
120 g gekochter Langkornreis
1–2 Messerspitzen Safranpulver
2 Eier, 2 EL Reismehl
3–4 EL Paniermehl
Salz, weißer Pfeffer
¼–½ TL Rosenpaprika
1 EL Tomatenketchup
Öl zum Fritieren

Pro Person etwa
334 kcal/1398 kJ
20 g E · 9 g F · 38 g Kh

HACK-REISBÄLLCHEN (unten)
Die Frühlingszwiebel in schmale Ringe schneiden, die Knoblauchzehen zerdrücken und den Koriander hacken (einige Blättchen für die Garnitur zurückbehalten). Das Fleisch mit dem Klebreis, der Frühlingszwiebel, dem Knoblauch und Koriander vermischen. Salzen und pfeffern, dann kleine Klößchen formen. Die Reisbällchen in siedendem Öl portionsweise fritieren, bis sie goldbraun sind. Herausnehmen und das Fett auf Küchenpapier abtropfen lassen. Mit Korianderblättchen garniert servieren. Knoblauchmayonnaise oder eine thailändische Würzsauce dazureichen.

LOUISIANA-REISBÄLLCHEN (oben)
Die Zwiebel fein würfeln und die Knoblauchzehe hacken. Zucchino waschen, zunächst in Streifen, dann in sehr kleine Stückchen schneiden. Die Karotte putzen und sehr fein würfeln. Die Butter erhitzen und die Garnelen 3 Minuten braten oder grillen. Dann in kleinere Stücke schneiden. Die Petersilie hacken. Die Tomate überbrühen, häuten, entkernen und sehr klein schneiden. Das Öl erhitzen. Zwiebel, Zucchino, Karotte und Knoblauch hineingeben und andünsten. Tomate hinzufügen. Anschließend den Reis, die Petersilie und Safran zugeben. Vom Herd nehmen, die Eier, Reismehl und Paniermehl unterrühren. Zum Schluß die Garnelen untermengen. Mit Salz, Pfeffer, Paprikapulver und Tomatenketchup abschmecken. Bällchen formen. In siedendes Öl geben und in wenigen Minuten goldgelb ausbacken.

Sushi-Röllchen

300 g japanischer Klebreis oder italienischer Rundkornreis
10x8 cm Konbu (getrockneter Seetang)
2 EL Reisessig
½ TL Salz
1 EL Sojasauce
120 g geräucherter Lachs
½ unbehandelte Zitrone
1 kleine Gurke
4 Blätter Yaki-Nori (gerösteter Seetang)
Bambus-Sushimatten (ersatzweise Pergamentpapier)

Pro Person etwa
327 kcal/1368 kJ
21 g E · 5 g F · 70 g Kh

Tip:
Yaki-Nori muß eventuell etwas angefeuchtet werden. Die Hinweise auf der Verpackung beachten!

Den Reis mehrfach waschen und abtropfen lassen. Konbu mit einem feuchten Tuch vorsichtig abtupfen und mit 400 ml Wasser in einen Topf geben. Den Reis beifügen, aufkochen, umrühren und bei geringer Temperatur abgedeckt etwa 17 bis 20 Minuten ausquellen lassen. Vom Herd nehmen, Konbu entfernen, zwischen Topf und Deckel ein Tuch legen und den Reis etwa 15 Minuten quellen lassen.
Inzwischen den Reisessig mit Salz und Sojasauce verrühren und erwärmen. Über den Reis gießen und gut mischen, dann alles etwas abkühlen lassen.
Den Lachs mit wenig Zitronensaft beträufeln und in Streifen schneiden. Die Gurke waschen und in Streifen von etwa 8 bis 9 cm Länge schneiden.
Ein Nori-Blatt auf eine Bambus-Sushimatte legen und etwas Reis darauf verteilen (nur die ersten zwei Drittel mit Reis bedecken). Lachs- und Gurkenstreifen ungefähr in die Mitte geben und mit Hilfe der Bambus-Sushimatte aufrollen. Nach jeder Vierteldrehung etwas andrücken. Die Rolle mit einem Messer in etwa 6 Scheiben schneiden und diese in eine elliptische Form drücken. Mit weiteren Nori-Blättern fortfahren, bis alles aufgebraucht ist. Die Sushi-Röllchen als Blütenranke auf einem Tablett dekorativ anordnen und servieren.

In der europäischen Küche beginnt das Menü häufig mit einer Suppe. In Japan nehmen verschiedene Formen von Sushi diese Stelle ein. Aussehen und Inhalt der Sushi wechseln mit der Jahreszeit. Grundsubstanz ist aber stets der mit Reisessig gewürzte Reis. Der Japaner liebt bunte, kunstvolle Arrangements. Speisen, Geschirr und Dekoration sind dabei aufeinander abgestimmt. Vor Beginn einer Mahlzeit soll warmer Sake den Gaumen einstimmen, anschließend ist das Begleitgetränk jedoch Tee.

Gefüllte Artischocken

4 Artischocken
Salz
1 TL Zitronensaft
1 Zwiebel
1 Knoblauchzehe
4 EL Öl
1 TL Tomatenmark
1/2 Bund glatte Petersilie
80 g gekochter Schinken
1 Tasse gekochter Langkornreis
1 Ei
frisch gemahlener weißer Pfeffer
1–2 EL geriebener Käse
40 g Butterflöckchen
1/4–1/2 Liter Brühe

Pro Person etwa
412 kcal/1724 kJ
10 g E · 25 g F · 32 g Kh

Tip:
Zum Kochen der Artischocken keinen Aluminiumtopf verwenden. Ihr Aussehen und Geschmack würden sich verändern.

Den Stiel der Artischocken unterhalb des Blütenkopfes abbrechen. Die äußeren Blätter, falls sie holzig sind, entfernen. Salzwasser in einem großen Topf zum Kochen bringen, den Zitronensaft dazugeben und die Artischocken darin 30 Minuten kochen.
Die Zwiebel schälen und hacken, die Knoblauchzehe schälen und zerdrücken. Das Öl in einer Pfanne erhitzen und die Zwiebel darin glasig dünsten. Knoblauch, Tomatenmark und feingeschnittene Petersilie hinzufügen. Vom Herd nehmen und etwas abkühlen lassen. Mit dem in Würfel geschnittenen Schinken, dem Reis und dem Ei vermischen, würzen.
Das Heu aus der Mitte der Artischocken entfernen und die Reismischung hineinfüllen. Mit geriebenem Käse bestreuen und Butterflöckchen daraufsetzen. Die gefüllten Artischocken in eine Auflaufform stellen, die heiße Brühe zugießen und im vorgeheizten Backofen bei 180 °C etwa 15 bis 20 Minuten garen.

In früheren Zeiten war die Artischocke ein Gemüse der vornehmen Gesellschaft. Heute ist sie ein vornehmes Gemüse für Kenner. Aus dem reichen Angebot von Sorten wählt man bei diesem Gericht am besten große, rundliche Artischocken aus.

Kräuter-Reis-Tarte

Für 6 Personen

1 Zwiebel
20 g Butter
100 g Risottoreis
375 ml Gemüsebrühe
1 Bund glatte Petersilie
1 Bund frisches Basilikum
1 Bund frischer Estragon
65 g Frischkäse
3 EL Crème fraîche
4 Eier
Salz
frisch gemahlener
schwarzer Pfeffer

Für die Béchamelsauce:
35 g Butter
25 g Vollkornmehl
1/4 Liter Milch
Salz
frisch gemahlener
weißer Pfeffer

Butter für die Form
3 EL Pinienkerne

Pro Person etwa
307 kcal/1285 kJ
11 g E · 19 g F · 21 g Kh

Die Zwiebel schälen und fein würfeln. Die Butter erhitzen und die Zwiebelwürfel darin andünsten. Den Reis hinzufügen und glasig schwitzen. Nach und nach mit Gemüsebrühe ablöschen, dabei vor dem weiteren Nachgießen die Brühe erst verkochen lassen. Unter wiederholtem Rühren in etwa 20 bis 25 Minuten den Reis gar kochen. Die Kräuter waschen, von den Stielen zupfen und im Mixer pürieren. Frischkäse, Crème fraîche und die Eier zugeben. Mit Salz und Pfeffer abschmecken.
Für die Béchamelsauce: Die Butter erhitzen. Das Mehl dazugeben, durchschwitzen lassen, unter Rühren die Milch zugießen und 5 bis 6 Minuten kochen lassen. Salzen und pfeffern.
Eine feuerfeste Keramikform einfetten. Kräuter, Reis, Béchamelsauce und Pinienkerne mischen und in die Form füllen. Im vorgeheizten Backofen bei 170 °C etwa 45 Minuten backen. Heiß oder auch kalt servieren.

Frische Kräuter geben dieser Reis-Tarte ihre erfrischende Note. Wer über einen eigenen Kräutergarten verfügt, weiß, daß Kräuter am besten früh morgens geerntet werden, nachdem der Tau abgetrocknet ist. Dann verströmen sie das meiste Aroma.

EIERGERICHTE MIT REIS

EIER IM REISNÄPFCHEN
2 Frühlingszwiebeln
8 frische Champignons
200 g Kalbsleber
2 EL Butter
Salz
frisch gemahlener
weißer Pfeffer
1 Zweig frischer Estragon
oder ½ TL getrockneter
Estragon
2 EL Marsala
100 g gekochter Mittelkornreis (Vialone)
4 Eier
30 g Butter

Pro Person etwa
404 kcal/1691 kJ
12 g E · 22 g F · 25 g Kh

PALMENHERZENOMELETTE MIT DUFTREIS
1,5 kg Palmenherzenmark
mit Rinde
(oder 220 g Dose)
2–3 Knoblauchzehen
2 Frühlingszwiebeln
6 Eier
½ Bund thailändisches
Koriandergrün, Salz
frisch gemahlener
schwarzer Pfeffer
200 g thailändischer
Duftreis
3 EL Sojaöl

Pro Person etwa
464 kcal/1942 kJ
22 g E · 14 g F · 42 g Kh

EIER IM REISNÄPFCHEN (oben)
Die gewaschenen Frühlingszwiebeln, die geputzten Champignons und die Kalbsleber in Scheiben schneiden. Die Butter in einer Pfanne erhitzen und zuerst die Zwiebeln mit den Champignons dünsten, dann die Kalbsleber hinzufügen und nur so lange braten, daß sie innen noch rosa ist. Salzen, pfeffern, mit feingeschnittenem Estragon und Marsala verfeinern. Vier feuerfeste Förmchen einfetten, den Reis und die Leber-Pilz-Mischung einfüllen. Je 1 Ei darüberschlagen und nochmals salzen. Ein kleines Stück Butter auf jedes Förmchen setzen und im heißen Wasserbad im vorgeheizten Backofen bei 160 °C etwa 8 Minuten garen lassen.

Auf unserer Fahrt von Parma nach Bologna wurde uns in einer kleinen Osteria diese Vorspeise serviert. Sie verdient, an Sie weitergegeben zu werden.

PALMENHERZENOMELETTE MIT DUFTREIS (unten)
Palmenherzenmark von der Rinde befreien und in etwa 1 cm dicke Scheiben schneiden. Die Knoblauchzehen zerdrücken und die Frühlingszwiebeln in schmale Ringe schneiden. Die Eier verquirlen und den kleingezupften Koriander hineingeben. Salzen und pfeffern. Gut ½ Liter Wasser zum Kochen bringen, den Reis hineingeben, einmal durchheben und dann abgedeckt ohne Umrühren etwa 12 Minuten köcheln lassen.
Inzwischen das Öl in einer großen Pfanne erhitzen. Palmenherzen, Frühlingszwiebeln und Knoblauch darin andünsten. Die verquirlten Eier darübergießen und stocken lassen. Mit dem Reis servieren.

Palmenherzen werden aus der Assai-Palme gewonnen, die zu diesem Zweck in Südamerika in Plantagen angebaut wird. Das Mark oberhalb des Blätteransatzes gilt als Delikatesse. Sein nußartiger Geschmack verbindet sich mit dem Duftreis zu einem köstlichen Genuß.

Reis in Form gebacken

REISWAFFELN MIT KAVIAR
Für etwa 8 Personen
100 g rote Linsen
100 g Reismehl
2 Eier
100 g Joghurt, Salz
1 Messerspitze Kreuzkümmel
1 Messerspitze Koriander
1 Messerspitze Cayennepfeffer
eventuell Öl für das Waffeleisen
150 g Crème fraîche
1 kleine Dose Kaviar
2–3 Zweige Koriandergrün

Pro Person etwa
176 kcal/737 kJ
8 g E · 7 g F · 19 g Kh

REISPLÄTZCHEN MIT GARNELEN
Für 8 Personen
240 g Klebreis
Salz, 2 Eier
½–1 Bund frischer Dill
1 Knoblauchzehe
200 g vorbereitete Garnelen
weißer Pfeffer
2 EL Olivenöl, 2 EL Butter
Zum Servieren:
Knoblauchmayonnaise
etwas Cognac

Pro Person etwa
214 kcal/896 kJ
8 g E · 9 g F · 24 g Kh

REISWAFFELN MIT KAVIAR (unten)
Die Linsen 2 bis 3 Stunden in Wasser einweichen, anschließend mit dem Mixstab und 100 ml Einweichwasser pürieren. Reismehl, Eier und Joghurt zufügen und zu einem flüssigen Teig verrühren. Mit Salz, Kreuzkümmel, Koriander und Cayennepfeffer abschmecken. Den Teig etwa 1 Stunde bei Zimmertemperatur ruhen lassen.
Waffeln goldgelb ausbacken und auf jede Waffel 1 bis 2 Teelöffel Crème fraîche und 1 bis 2 Teelöffel Kaviar geben. Jeweils mit einem Korianderblättchen garnieren und servieren.

Khediven sind Angehörige eines iranischen Stammes, der am Kaspischen Meer lebt. Sie nennen den zubereiteten Rogen vom Stör „Cahv-Jar“, das bedeutet soviel wie „Kuchen der Freude“. Aus diesem Wort entstand dann die Bezeichnung „Kaviar“.

REISPLÄTZCHEN MIT GARNELEN (oben)
600 ml Wasser zum Kochen bringen. Den Reis hineingeben, Salz zufügen, einmal durchheben und ohne weiteres Umrühren zugedeckt etwa 12 Minuten ausquellen lassen. Das Wasser sollte völlig verkocht sein. Anschließend etwas abkühlen lassen und dann die Eier unterrühren. Den Dill hacken und die Knoblauchzehen zerdrücken. Mit den Garnelen vermischen, salzen und pfeffern. Die Hälfte des Öls erhitzen und die Hälfte der Butter zufügen. 1 bis 2 Eßlöffel Klebreis in die Pfanne geben und flachdrücken. Je nach Größe 3 bis 5 Garnelen daraufgeben und knusprig braten. Weitere Plätzchen backen, bis der ganze Reis verbraucht ist. Warm mit einer mit Cognac verfeinerten Knoblauchmayonnaise servieren.

Für die Zubereitung dieser appetitlichen Plätzchen eignet sich Klebreis am besten. Sein hoher Stärkeanteil sorgt für ein gutes Aneinanderhaften der Körner. Asiaten wissen, warum sie dieser Reissorte für viele Gerichte den Vorzug geben.

Schnecken auf Reis

200 g beliebiger Langkornreis
Salz
1 kleine Stange Lauch
2 Karotten
2 EL Öl
30 g Butter
1 Knoblauchzehe
36 Achatschnecken (Dose)
frisch gemahlener weißer Pfeffer
1 kleines Glas Weißwein
2 EL Crème fraîche
1/8 Liter süße Sahne

Pro Person etwa
442 kcal/1850 kJ
9 g E · 24 g F · 42 g Kh

Etwa 1/2 Liter Wasser zum Kochen bringen. Reis und etwas Salz hineingeben, sprudelnd aufkochen lassen, einmal durchrühren und zugedeckt bei geringer Hitze etwa 18 Minuten ausquellen lassen. Das Gemüse waschen und putzen. Lauch in schmale Ringe, die Karotten in dünne Scheibchen schneiden. Öl in einem breiten Topf erhitzen, Butter dazugeben. Das Gemüse hinzufügen und unter häufigem Rühren etwa 10 Minuten dünsten, so daß es noch Biß hat. Knoblauchzehe abziehen und zerdrücken, mit den Schnecken und der Schneckenbrühe dazugeben. Salzen und pfeffern, mit Weißwein ablöschen. Crème fraîche und süße Sahne hinzufügen, verrühren und 2 Minuten köcheln lassen. Heiß mit dem Reis servieren.

Es müssen nicht immer die schon von den Römern geschätzten Weinbergschnecken sein. Achatschnecken aus den tropischen Urwäldern stehen ihren europäischen Verwandten in nichts nach. Eine Köstlichkeit, die wohl ohne schlechtes Gewissen aus dem Urwald importiert werden darf. Sie werden mittlerweile aber auch schon in richtigen Schneckenfarmen gezüchtet.

Reissalat mit Garnelen
Reis-Gemüse-Salat

REISSALAT MIT GARNELEN
Für die Sauce:
2 EL Weißweinessig
Salz, weißer Pfeffer
6 EL Erdnußöl
1 EL Pilz-Sojasauce (Mushroom Soy)
1 EL Reiswein (Sake)
Für den Reissalat:
1 Frühlingszwiebel
einige Blätter Eisbergsalat
120 g gekochter Langkornreis
150 g Mungobohnensprossen
200 g gekochte Garnelen

Pro Person etwa
420 kcal/1758 kJ
19 g E · 17 g F · 46 g Kh

REIS-GEMÜSE-SALAT
150 g Langkornreis
150 g Zuckerschoten
200 g Karotten
250 g Kohlrabi
Für die Sauce:
2 EL Balsamessig
Salz, weißer Pfeffer
1 Messerspitze gemahlener Koriander
3 EL Sojaöl
2 EL Joghurt
2 EL Crème fraîche
½ Bund Koriandergrün

Pro Person etwa
227 kcal/950 kJ
5 g E · 10 g F · 37 g Kh

REISSALAT MIT GARNELEN (links)
Für die Sauce: Den Essig mit Salz und Pfeffer verrühren. Das Öl nach und nach zugeben. Mit der Pilz-Sojasauce und dem Reiswein abschmecken.
Für den Reissalat: Die Frühlingszwiebel putzen und in dünne Ringe, die gewaschenen und abgetropften Salatblätter in schmale Streifen schneiden. Den Reis, die Mungobohnensprossen und die Garnelen zufügen und alles gut vermischen. Die Salatsauce darübergießen. Kurz durchziehen lassen.
Dieser Salat schmeckt nicht nur als Vorspeise, sondern auch zum Abendessen oder als Partysalat. Dafür müssen die Zutaten dann entsprechend erhöht werden.

Sake (sprich: Saki), oft auch „nihon-shu" (japanischer Wein) genannt, wird aus hefevergorenem Reis hergestellt und meist heiß in zarten Porzellanschalen serviert. Wegen seines Sherry-ähnlichen Geschmacks benutzt man ihn in Japan auch gern zum Würzen.

REIS-GEMÜSE-SALAT (rechts)
Etwa 300 ml Wasser zum Kochen bringen, den Reis hineingeben, sprudelnd aufkochen lassen, einmal durchrühren und zugedeckt auf kleiner Flamme in 18 Minuten ausquellen lassen. Erkalten lassen. Die Zuckerschoten etwa 5 Minuten über Dampf garen und ebenfalls abkühlen lassen. Karotten schaben und Kohlrabi schälen, beides in Stifte schneiden.
Für die Sauce: Essig mit Salz, Pfeffer und gemahlenem Koriander verrühren. Das Öl hinzufügen. Joghurt und Crème fraîche unterrühren, zum Schluß die gehackten Korianderblättchen dazugeben (einige für die Garnitur zurückbehalten). Die Sauce mit den übrigen Zutaten vorsichtig vermischen. Den Salat an einem kühlen Ort ½ bis 1 Stunde gut durchziehen lassen und eventuell nochmals nachwürzen. Mit Korianderblättchen garniert servieren.

Der „Aceto Balsamico di Modena", eine Spezialität aus Italien, gibt dieser Salatsauce ihre würzige Note. Der aus Traubenmost hergestellte Gärungsessig reift mehrere Jahre in alten Eichenfässern.

Basmati-Reis mit Linsen aus der Champagne

Für die Linsen:
60 g kleine braune Linsen aus der Champagne
1 Lorbeerblatt
1/8 Liter trockener Rotwein
Salz
frisch gemahlener weißer Pfeffer

Für den Reis:
2 EL Öl
1 EL Butter
1 Zwiebel
1 Knoblauchzehe
150 g Basmati-Reis
Salz
2 Messerspitzen gemahlener Koriander
2 Messerspitzen Kreuzkümmel
5 cm Stangenzimt
2 Messerspitzen Kardamom
1 Messerspitze Nelkenpulver
350 ml Geflügelbrühe

Für die Gänseleber:
1 EL Sojaöl
1 EL Butter
4 Scheiben Gänseleber (je 50 g)
Salz
frisch gemahlener weißer Pfeffer

Pro Person etwa
410 kcal/1716 kJ
18 g E · 19 g F · 40 g Kh

Für die Linsen: Die Linsen waschen und einige Stunden in 1/4 Liter Wasser einweichen. Dann mit dem Lorbeerblatt in dem Einweichwasser und dem Rotwein etwa 40 Minuten kochen, anschließend mit Salz und Pfeffer würzen.
Für den Reis: Das Öl erhitzen und die Butter zufügen. Die Zwiebel schälen, kleinschneiden und glasig dünsten. Die Knoblauchzehe zerdrücken und dazugeben. Den Reis hineingeben, glasig schwitzen und salzen. Die Gewürze hinzufügen und mit der Brühe ablöschen. Einmal durchrühren und abgedeckt bei niedriger Temperatur etwa 10 Minuten ausquellen lassen, der Reis sollte noch Biß haben. Zum Schluß die Zimtstange entfernen.
Für die Gänseleber: Das Öl erhitzen, die Butter zufügen und die Leber beidseitig je 1 Minute bei mittlerer Temperatur braten. Salzen, pfeffern und mit dem Reis und den Linsen servieren.

Die kleinen braunen Linsen verdanken wie der Champagner ihren Namen der Region, in der sie angebaut werden. Neben der Einzigartigkeit des Geschmacks, die sie mit ihrem berühmten Namensverwandten gemeinsam haben, enthalten sie auch noch bis zu 24 % Protein, pflanzliches Eiweiß und eine beachtliche Menge an Kalium, Calcium, Phosphor und Eisen, die Vitamine A, B1, B2 und Niacin. In diesem Gericht wird durch die Kombination mit Reis die biologische Wertigkeit zusätzlich gesteigert.

Reissalat mit Minze

Für den Reis:
200 g Langkorn-Naturreis
Salz
350 g Sojabohnensprossen
1 rote Paprikaschote
1 Avocado
½ Zitrone

Für die Salatsauce:
1½ EL Weißweinessig
Salz
frisch gemahlener
schwarzer Pfeffer
3 EL Olivenöl

Für die Minzsauce:
1½ Bund Minze
3 EL Olivenöl
60 g Walnüsse
2 EL Paniermehl
2–3 Knoblauchzehen
200 g Naturjoghurt
Salz
frisch gemahlener
schwarzer Pfeffer

Pro Person etwa
540 kcal/2260 kJ
14 g E · 30 g F · 50 g Kh

Tip:
Zerdrückte frische Minzblätter in Milch gegeben, läßt diese nicht vorschnell sauer werden.

Für den Reis: Etwa 600 ml Wasser zum Kochen bringen. Den Reis mit etwas Salz hineingeben, einmal durchheben und abgedeckt etwa 30 bis 45 Minuten, je nach Sorte, bei geringer Temperatur ausquellen lassen. Anschließend abkühlen lassen. Die Sojabohnensprossen in wenig Wasser oder besser noch über Dampf 5 Minuten garen, sie sollten noch knackig sein. Die Paprikaschote fein würfeln. Die Avocado halbieren, den Kern herauslösen, Avocado schälen und kleinschneiden. Mit Zitronensaft beträufeln. Alles in einer Schüssel mischen.
Für die Salatsauce: Alle dafür angegebenen Zutaten zu einer Sauce verrühren und über den Reissalat gießen.
Für die Minzsauce: Die Minzblättchen von den Stielen zupfen (einige für die Garnitur zurückbehalten) und mit Olivenöl, den gehackten Walnüssen, Paniermehl und den geschälten Knoblauchzehen in einem Mixer pürieren. Joghurt unterziehen und mit Salz und Pfeffer abschmecken. Die Sauce sollte von dickflüssiger Beschaffenheit sein. Mit den restlichen Minzblättchen garnieren und zum Salat servieren.

Die Minze wurde zu Unrecht lange Zeit in der mitteleuropäischen Küche vernachlässigt. Man nutzte allenfalls die Heilwirkung ihrer ätherischen Öle, um einen verstimmten Magen wieder „umzustimmen“. In den Mittelmeerländern hingegen gehört die Minze schon seit dem Altertum zu den beliebten Küchenkräutern. Das Würzen mit Minze erfordert allerdings ein gewisses Feingefühl.

Partysalat
Avocado-Reis-Salat

PARTYSALAT
160 g Langkorn-Naturreis
Salz
1 kleine Dose Palmenherzen (220 g)
200 g gekochte Rindfleischreste oder gekochter Schinken
1 mürber Apfel (Boskop)
½–1 Bund glatte Petersilie
Für die Sauce:
1½ EL Salbeiessig
Salz, schwarzer Pfeffer
4–5 EL Öl

Pro Person etwa
352 kcal/1473 kJ
22 g E · 18 g F · 34 g Kh

AVOCADO-REIS-SALAT
200 g Langkornreis
Salz
150 g Mortadella
2 reife Avocados
2 EL Zitronensaft
Für die Sauce:
1½ EL Rotweinessig
Salz, schwarzer Pfeffer
4–5 EL Olivenöl
1 Schalotte, 1 EL Kapern
1 Bund Schnittlauch

Pro Person etwa
482 kcal/2017 kJ
9 g E · 30 g F · 41 g Kh

PARTYSALAT (links)
Einen halben Liter Wasser zum Kochen bringen, den Reis mit etwas Salz zufügen, einmal umrühren und bei kleiner Hitze abgedeckt, je nach Sorte, 30 bis 45 Minuten ausquellen lassen.
Die Palmenherzen in 1 cm dicke Scheiben schneiden, das Rindfleisch oder den Schinken und den Apfel würfeln. Die Petersilie hacken. Alle Zutaten mit dem erkalteten Reis vermischen.
Für die Sauce: Alle dafür angegebenen Zutaten zu einer Sauce verrühren und über den Salat gießen. Gut gekühlt etwa 2 Stunden durchziehen lassen.

In fröhlicher Gesellschaft vergeht die Zeit wie im Fluge. Und haben plötzlich die Gäste wieder Hunger, ist eine kleine Stärkung willkommen. Für diesen leckeren Reissalat wird Ihnen sicher anerkennender Dank gezollt und die Runde gutgelaunt fortgesetzt.

AVOCADO-REIS-SALAT (rechts)
Gut ½ Liter Wasser zum Kochen bringen. Den Reis und etwas Salz hineingeben, einmal durchheben und zugedeckt bei geringer Temperatur in etwa 18 Minuten bißfest ausquellen lassen. Die Mortadella in Würfel schneiden. Die Avocados schälen, den Kern herauslösen, das Fruchtfleisch würfeln und mit Zitrone beträufeln.
Für die Sauce: Essig mit Salz und Pfeffer verrühren und tropfenweise das Öl zufügen. Die gehackte Schalotte und die Kapern dazugeben.
Alle Zutaten des Reissalates miteinander vermischen, die Sauce darübergießen, vorsichtig durchmischen und mit Schnittlauchröllchen bestreuen. Den Salat gut gekühlt einige Stunden durchziehen lassen.

Avocados wurden von den Bewohnern Mexikos schon vor der Zeit der Mayas wegen ihres Geschmacks und ihrer Nahrhaftigkeit geschätzt. Trotz zunehmender Plantagenwirtschaft kann man noch heute in Mexiko in vielen Gärten einzelne Avocado-Bäume sehen. Ein Baum trägt gewöhnlich mehrere hundert Früchte.

Reissalate mit Früchten

MANGO-REIS-SALAT
2 Hähnchenbrustfilets
1 EL Butter nach Belieben
1–2 Mangos, 2 Bananen
½ unbehandelte Limette
Für die Mayonnaise:
1 Eigelb, Salz
gut ⅛ Liter Nußöl
1 Knoblauchzehe
½ Zitrone
etwa 1 EL helle Sojasauce
200 g gekochter Langkornreis
½ Bund Koriandergrün

Pro Person etwa
563 kcal/2356 kJ
10 g E · 36 g F · 46 g Kh

REISSALAT MIT FRISCHEM OBST
Für die Sauce:
2 EL Zitronensaft
2 EL Grapefruitsaft
1 TL milder Senf
Salz, Pfeffer
4 EL Sojaöl
1–2 EL Portwein
Für den Salat:
100 g Erdbeeren
100 g blaue Trauben
2 Scheiben Ananas
1 Mango, 2 Avocados
120 g gekochter Langkornreis

Pro Person etwa
315 kcal/1318 kJ
4 g E · 16 g F · 38 g Kh

MANGO-REIS-SALAT (unten)
Die Hähnchenbrustfilets abgedeckt in der Mikrowelle bei 360 Watt etwa 2½ bis 3 Minuten garen oder in wenig Butter in der Pfanne beidseitig je 2 Minuten braten, abkühlen lassen und in Würfel oder Streifen schneiden.
Die Mangos schälen, den Stein herauslösen, das Fruchtfleisch in Scheiben schneiden und die Scheiben nochmals quer halbieren. Die Bananen schälen und in Scheiben schneiden. Die Schale der Limette abreiben, den Saft auspressen. Die Früchte in eine Schüssel geben, mit Limettensaft und der abgeriebenen Schale vermischen.
Für die Mayonnaise: Das Eigelb mit Salz cremig rühren. Unter ständigem Rühren tropfenweise das Öl zugeben und nach und nach die durchgepreßte Knoblauchzehe, den Saft der Zitrone und die Sojasauce unterrühren.
Reis und Hähnchenbrust zu den Früchten geben. Die Mayonnaise unterziehen, abschmecken und einige Stunden gekühlt durchziehen lassen. Mit Korianderblättchen garniert servieren.

REISSALAT MIT FRISCHEM OBST (oben)
Für die Sauce: Alle dafür angegebenen Zutaten miteinander zu einer Sauce verrühren.
Für den Salat: Erdbeeren und Trauben waschen und halbieren, die Trauben entkernen. Ananas, Mango und Avocados schälen, das Fruchtfleisch in Würfel schneiden.
Die Salatsauce vorsichtig mit den Früchten und dem Reis vermischen. Den Salat nochmals abschmecken und gut gekühlt auf Glastellern servieren.
Statt Portwein können Sie natürlich auch einen anderen Südwein verwenden.

Exquisite Salate

BASMATI-REIS-SALAT
MIT GRÜNEM SPARGEL
150 g Basmati-Reis
Salz, 3–4 EL Trüffelöl
2 Hühnerbrüste
(etwa je 140 g)
weißer Pfeffer
1 EL Butter zum Braten
500 g grüner Spargel
1 TL Butter, 1 TL Zucker
1 EL Balsamessig

Pro Person etwa
347 kcal/1452 kJ
15 g E · 15 g F · 33 g Kh

FEINSCHMECKERSALAT
1 Fenchelknolle
1/4 Kopf Friséesalat
1 frische Mango
1/2 Cantalup-Melone
200 g gekochtes Hummerfleisch
Für die Sauce:
1 Schalotte
1–2 EL Zitronensaft
1/2 TL abgeriebene Schale von einer unbehandelten Limette
1 EL Limettensaft
1 EL Mangosaft
1 EL Melonensaft
4 EL Distelöl
Salz, schwarzer Pfeffer
1 Tasse gekochter Reis (Reste, vorzugsweise Langkorn-Wildreis-Mischung)

Pro Person etwa
200 kcal/837 kJ
13 g E · 11 g F · 15 g Kh

BASMATI-REIS-SALAT MIT GRÜNEM SPARGEL (oben)
Etwa 350 ml Wasser zum Kochen bringen. Den Reis mit dem Salz zugeben, einmal durchrühren und abgedeckt etwa 10 Minuten ausquellen lassen. Der Reis sollte noch Biß haben. Nach dem Garen (wenn das Wasser verkocht ist) den Reis mit 3 Eßlöffel Trüffelöl begießen und erkalten lassen. Hühnerbrüste salzen, pfeffern und in der erhitzten Butter in wenigen Minuten beidseitig braten oder in der Mikrowelle bei 360 Watt abgedeckt 3 bis 4 Minuten garen. Erkalten lassen. Den Spargel falls nötig dünn schälen und zusammenbinden. In einem Spargeltopf in siedendem Salzwasser mit 1 Teelöffel Butter und 1 Teelöffel Zucker etwa 20 Minuten kochen oder waagerecht in einer tiefen Pfanne abgedeckt, ebenfalls mit Butter und Zucker, in wenig Wasser dünsten. Den Spargel anschließend in mundgerechte Stücke schneiden. Reis, in Streifen geschnittene Hühnerbrüste und Spargelstücke (einige Spargelspitzen für die Garnitur zurückbehalten) vermischen, salzen, pfeffern und den Essig darüberträufeln. Eventuell noch etwa 1 Eßlöffel Trüffelöl und 2 Eßlöffel Spargelwasser darübergießen. Den Salat ein wenig durchziehen lassen und mit den Spargelspitzen garnieren.

FEINSCHMECKERSALAT (unten)
Die Fenchelknolle putzen und in schmale Streifen schneiden. Friséesalat waschen, trockentupfen und zerpflücken. Mango schälen, halbieren, den Stein herauslösen und das Fruchtfleisch in schmale Spalten schneiden (den Saft auffangen). Die Melone schälen und aus dem Fruchtfleisch Kugeln ausstechen, ebenfalls den Saft auffangen. Das Hummerfleisch in Scheiben schneiden.
Für die Sauce: Die Schalotte in sehr feine Würfel schneiden. Den Zitronensaft mit Limettenschale und Limettensaft sowie dem Mango- und dem Melonensaft verrühren. Das Öl und die Schalotte hinzufügen. Mit Salz und Pfeffer abschmecken.
Alle Zutaten mit dem Reis auf einem Teller dekorativ anrichten und mit der Sauce übergießen.

TRÜFFEL
KONDIMENT

Suppen und Eintöpfe

Gemüsesuppe aus der Camargue

Camargue – weiße Pferde, schwarze Stiere, Schafherden und Flamingos, vielleicht auch Moskitos. In den weiten Sumpf- und Schwemmlandgebieten des Rhône-Deltas wird seit Jahrhunderten Reis angebaut. Er könnte in Europa keine besseren Bedingungen finden. Der in jüngster Zeit verstärkte Anbau soll helfen, die fortschreitende Versalzung der Camargue zu verhindern.

Für 6 Personen

150 g Kichererbsen
250 g Karotten
300 g Kohlrabi
150 g weiße Rüben
50 g Sellerieknolle
100 g grüne Bohnen
1 Stange Lauch
150 g Blumenkohl
250 g Brokkoli
1 ½ Liter Gemüsebrühe
300 g roter Naturreis aus der Camargue
Salz
frisch gemahlener schwarzer Pfeffer
1 Bund Petersilie

Pro Person etwa
360 kcal/1506 kJ
16 g E · 3 g F · 62 g Kh

Die Kichererbsen über Nacht in ½ Liter Wasser einweichen. Das Gemüse putzen und waschen. Karotten, Kohlrabi, weiße Rüben und Sellerieknolle in kleine Würfel, grüne Bohnen in kleine Stücke, Lauch in schmale Ringe schneiden. Blumenkohl und Brokkoli in Röschen teilen, die Blätter mitverwenden und kleinschneiden. Die Brühe in einem großen Topf zum Kochen bringen. Kichererbsen samt Einweichwasser hineingeben und 15 Minuten kochen. Anschließend das Gemüse und den Reis zu den Kichererbsen geben und weitere 30 Minuten köcheln lassen. Salzen, pfeffern und mit gehackter Petersilie bestreut servieren.

Spanische Muschelsuppe

Für die Muscheln:
1 kg frische Muscheln
1 Zwiebel
1 Knoblauchzehe
½ Liter trockener Weißwein
2 Zweige glatte Petersilie
1 Lorbeerblatt
Salz
frisch gemahlener schwarzer Pfeffer

Für die Suppe:
1 Zwiebel
1 Knoblauchzehe
30 g Butter
2 EL Mandelblättchen
80 g Rundkornreis aus Spanien
⅛ Liter süße Sahne
2 Zweige glatte Petersilie

Pro Person etwa
450 kcal/1883 kJ
40 g E · 19 g F · 18 g Kh

Für die Muscheln: Die frischen Muscheln gründlich unter fließendem Wasser waschen und bürsten. Die Bärte entfernen. Die Zwiebel schälen und würfeln, die Knoblauchzehe ebenfalls schälen und zerdrücken. Den Wein mit ½ Liter Wasser, Zwiebelwürfeln, Knoblauch, Petersilie, Lorbeerblatt und den Muscheln in einen Topf geben. Salz und Pfeffer zufügen und den Deckel schließen. 5 bis 8 Minuten kochen lassen, dabei hin und wieder die Muscheln schütteln. Die Muscheln aus den Schalen lösen. Die Brühe durch ein Sieb oder besser noch durch ein Mulltuch gießen.

Für die Suppe: Die Zwiebel schälen und fein würfeln und die geschälte Knoblauchzehe zerdrücken. Butter erhitzen und die Zwiebel darin andünsten. Knoblauch, Mandelblättchen und Reis hinzufügen. Den Reis glasig schwitzen. Mit der Muschelbrühe ablöschen, salzen, pfeffern und etwa 20 Minuten köcheln lassen, bis der Reis gar, aber noch bißfest ist. Die süße Sahne hinzufügen und alles nochmals kurz durchkochen. Die Muscheln als Einlage hineingeben. Die Suppe mit gehackter Petersilie bestreut servieren.

Nicht nur Miesmuscheln, auch Kamm-, Herz- und Venusmuscheln eignen sich für diese Suppe. Für den Umgang mit Muscheln sind einige Regeln zu beachten: Beim Einkauf sollte gewährleistet sein, daß die Muscheln frisch sind, sonst ist es besser, darauf zu verzichten. Rohe Muscheln müssen immer geschlossen sein. Muscheln, die sich nach dem Kochen nicht geöffnet haben, sind ebenfalls ungenießbar und müssen aussortiert werden.

Minzsuppe
Sauerampfersuppe

MINZSUPPE
1/2 Liter Milch
1/4 Liter süße Sahne
100 g Mozzarella
2 EL Reismehl
4–6 Zweige frische Minze
1 Bund glatte Petersilie
2 Schalotten
2 Knoblauchzehen
Salz
frisch gemahlener schwarzer Pfeffer
1/2–1 TL Schabzigerklee
2 Messerspitzen Muskatblüte (Macis)

Pro Person etwa
362 kcal/1515 kJ
11 g E · 27 g F · 17 g Kh

SAUERAMPFERSUPPE
1 Zwiebel
1 Knoblauchzehe
160 g Sauerampfer
30 g Butter
1 1/4 Liter Geflügelbrühe
Salz
frisch gemahlener weißer Pfeffer
70 g chinesischer oder thailändischer Duftreis
1/8 Liter süße Sahne
65–80 g Kräuterschmelzkäse

Pro Person etwa
254 kcal/1063 kJ
7 g E · 16 g F · 19 g Kh

MINZSUPPE (unten)
Die Milch erhitzen. Süße Sahne und den zerbröckelten Mozzarella dazugeben. Reismehl mit etwas kaltem Wasser verrühren und zufügen. Etwa 3 Minuten köcheln lassen. Minzblätter und Petersilie von den Stielen zupfen (einige Minzblättchen als Garnitur zurückbehalten). Zusammen mit den Schalotten und den Knoblauchzehen mit dem Schneidstab pürieren und in die heiße, aber nicht mehr kochende Suppe geben. Mit Salz, Pfeffer, Schabzigerklee und Muskatblüte abschmecken und die Suppe heiß servieren.

Die Muskatnuß und ihr Samenmantel, die Muskatblüte, auch Macis genannt, heißt in Indonesien „pala". Sie ist in der indonesischen Küche ein beliebtes Gewürz. In dieser Suppe geht sie mit der Minze einen edlen Geschmackswettstreit ein.

SAUERAMPFERSUPPE (oben)
Die Zwiebel schälen und fein würfeln und die abgezogene Knoblauchzehe zerdrücken. Den Sauerampfer waschen, grobe Stiele abschneiden, die Blätter etwas zerkleinern. Die Butter erhitzen und die Zwiebel darin andünsten. Knoblauch und Sauerampfer hinzufügen. Nach 3 Minuten mit der Hälfte der Geflügelbrühe ablöschen. Salzen und pfeffern. Kurz durchkochen lassen und mit dem Schneidstab pürieren. Den Duftreis zufügen. Die restliche Brühe zugeben und zugedeckt etwa 8 Minuten kochen lassen, der Reis sollte noch sehr bißfest sein. Süße Sahne und Kräuterschmelzkäse einrühren. Die Suppe abschmecken und servieren.

Dem Bauern bringt er Verdruß, dem Gourmet jedoch Genuß. In der französischen Küche hat sich der erfrischende, vitaminreiche Sauerampfer einen festen Platz erobert. In Frankreich wird er sogar in Gärten angepflanzt.

Gumbo

Für etwa 6 Personen

2 Zwiebeln
2 Knoblauchzehen
3 Stangen Bleichsellerie
1 Karotte
1 rote Paprikaschote
1 grüne Paprikaschote
500 g Okraschoten
100 g durchwachsener geräucherter Speck
1 Bund Petersilie
2–3 EL Öl
1 große Dose geschälte Tomaten
1/4 Liter Fischfond
gut 1 Liter Hühnerbrühe
Salz
frisch gemahlener schwarzer Pfeffer
Cayennepfeffer
1 Lorbeerblatt
400 g Langkornreis
500 g Hühnerbrust
250 g küchenfertige Garnelen
250 g küchenfertige Scampi

Pro Person etwa
602 kcal/2519 kJ
41 g E · 20 g F · 71 g Kh

Die Zwiebeln schälen, fein würfeln, die Knoblauchzehen schälen und hacken. Das Gemüse waschen. Den Bleichsellerie in Scheiben schneiden, die Karotte schaben und würfeln. Die beiden Paprikaschoten putzen und kleinschneiden. Von den Okraschoten den Stiel nur so weit abschneiden, daß das Fruchtfleisch nicht eingeschnitten wird. Den Speck würfeln, die Petersilie hacken.
Das Öl erhitzen und den Speck hinzufügen. Die Zwiebeln darin glasig dünsten. Knoblauch und Gemüse zugeben und unter Rühren braten. Nach etwa 3 Minuten die Tomaten, den Fischfond und die Hühnerbrühe zufügen. Mit Salz, Pfeffer und Cayennepfeffer würzen und das Lorbeerblatt hineingeben.
30 Minuten zugedeckt köcheln lassen.
Inzwischen in einem weiteren Topf etwa 1 Liter Wasser zum Kochen bringen. Den Reis hineingeben, Salz zugeben, einmal durchheben und abgedeckt bei niedriger Temperatur in etwa 18 Minuten bißfest kochen. Hühnerbrust in Streifen schneiden. Zusammen mit den Garnelen und den Scampi in den Gemüsetopf geben, nochmals etwa 5 Minuten köcheln lassen. Zum Schluß die Petersilie hinzufügen und abschmecken. Zuerst Reis in die Suppenteller füllen, dann die Suppe darauf schöpfen.

Okraschoten werden auch als „Gumbo“ oder „Gombo“ bezeichnet. Dieses Gemüse bildet die Grundlage für viele pikante Suppen aus dem Süden der USA. Bei der Zubereitung darf die Schale der Okraschoten nicht verletzt werden, damit der Saft beim Kochen nicht austritt.

Gemüse-Reis-Eintopf mit Kräutersauce

120 g magerer
geräucherter Speck
1 Zwiebel
1 Knoblauchzehe
1 Stange Lauch
1 Stück Sellerieknolle
1 Stange Bleichsellerie
3 Karotten
80 g grüne Bohnen
3 Tomaten
1–2 Zucchini
100 g weiße Rübchen
1 Petersilienwurzel
80 g Zuckerschoten
4 EL Öl, 40 g Butter
160 g Langkorn-Naturreis
1 ½ Liter Brühe, Salz
frisch gemahlener
weißer Pfeffer
Thymian, Kerbel
1 Lorbeerblatt
1 Zweig Rosmarin

Für die Kräutersauce:
1 Tomate
1 Knoblauchzehe
1 kleine Zwiebel
frisches Basilikum
glatte Petersilie
1 EL Tomatenketchup
Salz, weißer Pfeffer
1 Eigelb
2 EL Olivenöl
120 g frisch geriebener
mittelalter Gouda

Pro Person etwa
780 kcal/3264 kJ
20 g E · 51 g F · 50 g Kh

Den Speck würfeln. Die geschälte Zwiebel hacken, die geschälte Knoblauchzehe zerdrücken und das geputzte und gewaschene Gemüse in Scheibchen oder Würfel schneiden. In einem großen Topf das Öl erhitzen, die Butter und die Speckwürfel zugeben. Das Gemüse darin andünsten. Den Reis hinzufügen und mit Brühe ablöschen. Die Gewürze und die Kräuter dazugeben und alles bei niedriger Hitze 35 bis 40 Minuten garen, so daß der Reis noch Biß hat.
Für die Kräutersauce: Die Tomate überbrühen, häuten und entkernen. Die Knoblauchzehe und die Zwiebel schälen, die Kräuter von den Stielen zupfen. Alle Zutaten für die Kräutersauce mit dem Schneidstab pürieren und in den fertigen Eintopf geben, diese dann aber nicht mehr kochen lassen.

Dieser leckere und sättigende Eintopf ist ganz besonders gut geeignet, für den eiligen Hunger oder für schnelle Wintergerichte vorgekocht zu werden. Dafür können Sie die angegebenen Mengen entsprechend vergrößern. Einige Minuten vor Ende der Garzeit füllt man einen Teil des Eintopfes portionsweise in kleine Gefäße, die nach dem Abkühlen eingefroren werden. Nicht vergessen: Inhalt und Datum angeben.

GRIECHISCHE ZITRONENSUPPE

„Und sie erhoben die Hände zum lecker bereiteten Mahle," so erinnert sich Homer an einen Festschmaus. In Griechenland weiß man auch heute noch gut zu speisen. Diese schmackhafte „Kotósupa avgolémono" mit Zitronen und Reis kann, heiß serviert, zur Winterzeit den Gaumen kitzeln und den Magen erwärmen.

1 Liter selbst hergestellte Hühnerbrühe
60 g Langkornreis
1½ unbehandelte Zitronen
3 Eigelbe
Salz
frisch gemahlener weißer Pfeffer

Pro Person etwa
125 kcal/523 kJ
5 g E · 5 g F · 15 g Kh

Tip:
Sollten Sie die Suppe nicht gleich auftragen, so muß sie unter ständigem Rühren bis kurz vor dem Siedepunkt warm gehalten werden.

Die Hühnerbrühe zum Kochen bringen, den Reis hineingeben und etwa 18 Minuten kochen lassen. ½ Teelöffel Zitronenschale abreiben. Von einer Zitrone den Saft auspressen, die halbe Zitrone in 4 dünne Scheiben schneiden. Die Eigelb verrühren und tropfenweise den Zitronensaft zugeben. Sehr langsam etwa 1 Tasse heiße, aber nicht mehr kochende Hühnerbrühe zu den Eigelben geben. Unter ständigem Rühren alles zurück in den Kochtopf gießen. Mit Zitronenschale, Salz und Pfeffer abschmecken. Die Suppe nicht mehr kochen lassen, um ein Stocken zu vermeiden. Mit den Zitronenscheiben garnieren und sofort servieren.

Reissuppen aus Fernost

REISSUPPE MIT CHINESISCHEN PILZEN

20 g getrocknete chinesische Pilze
1 1/4 Liter Hühnerbrühe
100 g Langkornreis
160 g Poulardenbrust
80 g roher Schinken
60 g Bambusschößlinge aus der Dose
1 EL Essig, 1 TL Zucker
3 EL Pilz-Sojasauce (Mushroom Soy)
Salz, weißer Pfeffer
1 Ei
1/2 Bund Schnittlauch

Pro Person etwa
286 kcal/1197 kJ
17 g E · 11 g F · 27 g Kh

BASMATI-REIS-SUPPE

5–10 g getrocknete Steinpilze
1 Zwiebel, 1 Karotte
1 kleine Petersilienwurzel
1 Stück Sellerieknolle
30 g Butter
5 EL Tomatenmark
gut 1 Liter Gemüse oder Fleischbrühe
Salz, weißer Pfeffer
1 Messerspitze Garam Masala (indische Würzmischung)
75 g Basmati-Reis
1/2 Bund glatte Petersilie

Pro Person etwa
273 kcal/1143 kJ
6 g E · 15 g F · 26 g Kh

REISSUPPE MIT CHINESISCHEN PILZEN (unten)

Die Pilze in heißem Wasser etwa 1 Stunde einweichen. Die Hühnerbrühe in einem großen Topf aufkochen und den Reis hineingeben. Die Poulardenbrust und den Schinken in Streifen schneiden. Die Pilze waschen und in Stücke teilen. Das Poulardenfleisch und die Pilze in die Hühnerbrühe geben. Anschließend den Schinken und die in Streifen geschnittenen Bambusschößlinge zugeben. Mit Essig, Zucker, Pilz-Sojasauce, Salz und Pfeffer abschmecken und insgesamt 16 Minuten köcheln lassen. Das Ei verquirlen und vorsichtig in die siedende Suppe gießen. Mit Schnittlauchröllchen bestreut servieren.

Junge Schößlinge verschiedener Bambusarten werden in chinesischen Gerichten vorwiegend als Struktur verwendet. Sie und der Reis nehmen das Aroma der Pilze auf, dadurch erhält die Suppe ihren besonderen Reiz.

BASMATI-REIS-SUPPE (oben)

Die Steinpilze in 1/4 Liter warmem Wasser einweichen. Das Gemüse waschen, putzen und kleinschneiden. Die Butter erhitzen und das Gemüse darin andünsten. Tomatenmark zufügen und mit der Brühe ablöschen. Die Steinpilze samt Einweichwasser dazugeben. Mit dem Schneidstab die Suppe pürieren, mit Salz, Pfeffer und Garam Masala abschmecken. Aufkochen lassen und den gewaschenen Reis hineingeben, einige Male durchrühren und etwa 10 Minuten bei geringer Hitze abgedeckt köcheln lassen. Vom Herd nehmen und den Reis weitere 2 Minuten quellen lassen. Mit Salz und Pfeffer erneut abschmecken. Die Petersilie hacken und die Suppe damit bestreuen.

Basmati-Reis wird vornehmlich in Indien oder Pakistan, aber auch in den USA angebaut. Sein charakteristischer Duft verbindet sich bei dieser Suppe mit dem angenehmen nußartigen Aroma der Steinpilze.

Chinesische Suppe

Chinesische Speisen gelten als vitamin- und nährstoffreich und somit als gesund. Eine der wichtigsten Gewürzzutaten ist der erfrischend-pikante Ingwer, der auch zur guten Bekömmlichkeit der Gerichte beiträgt. In dieser Suppe finden Sie die wesentlichen Zutaten der chinesischen Küche vereint.

10 g Wolkenohren (getrocknete Pilze aus Westchina)
1 Stück Ingwerwurzel (etwa 1 cm)
2 Karotten
150 g mageres Schweinefleisch (Filet)
3 EL Maiskeimöl
gut 1 Liter Hühnerbrühe
60 g chinesischer Duftreis
Salz
2 EL Reiswein (Sake) oder trockener Sherry
2 EL Pilz-Sojasauce (Mushroom Soy)
2 Frühlingszwiebeln

Pro Person etwa
242 kcal/1013 kJ
11 g E · 13 g F · 18 g Kh

Die Pilze mit kochendem Wasser übergießen und 30 Minuten stehen lassen. Anschließend, wenn nötig, säubern und putzen. Ingwer schälen und hacken. Karotten schaben und der Länge nach in Scheiben, diese dann in schmale Stifte schneiden. Das Fleisch in feine Streifen schneiden.
Das Öl in einem Topf erhitzen, Pilze und Fleisch darin anbraten. Ingwer und Karotten zufügen und 2 bis 3 Minuten braten lassen. Mit Hühnerbrühe ablöschen. Den Reis hineingeben und mit Salz, Reiswein und der Pilz-Sojasauce abschmecken. Etwa 8 bis 10 Minuten kochen lassen. Die geputzten Frühlingszwiebeln in feine Ringe schneiden und darüberstreuen. Die Suppe heiß servieren.

Bohnen-Reis-Eintopf
Fisch-Reis-Suppe

BOHNEN-REIS-EINTOPF
250 g Augenbohnen
1/2 Liter Gemüsebrühe
(eventuell noch 1/4 Liter zusätzlich)
1 Lorbeerblatt
1 Knoblauchzehe
1 Zwiebel
2 Karotten
150 g Langkorn-Naturreis
200 g Knoblauchwurst
Salz, schwarzer Peffer
1 Bund Petersilie

Pro Person etwa
572 kcal/2394 kJ
24 g E · 18 g F · 70 g Kh

FISCH-REIS-SUPPE
2 Frühlingszwiebeln
3 Karotten
1 Stange Bleichsellerie
1 Stange Lauch
6 EL Öl
140 g Langkorn-Naturreis
1 1/2 Liter Fischbrühe
Salz
1 TL Kurkuma
Chilipulver
600 g festes Fischfilet
(z.B. Kabeljau oder Thunfisch)
120 g Kokoscreme

Pro Person etwa
605 kcal/2532 kJ
56 g E · 27 g F · 42 g Kh

BOHNEN-REIS-EINTOPF (unten)
Die Bohnen in 3/4 Liter Wasser über Nacht einweichen. Am nächsten Tag im Einweichwasser mit Gemüsebrühe, Lorbeerblatt und geschälter Knoblauchzehe aufsetzen und kochen lassen.
Die Zwiebel schälen und kleinschneiden. Die Karotten waschen, schaben und in Stifte oder Scheibchen schneiden.
Nach 30 Minuten Zwiebel, Karotten, Reis und die Knoblauchwurst im Ganzen oder in Scheiben geschnitten zugeben und alles noch weitere 35 bis 45 Minuten bei geringer Temperatur kochen lassen. Eventuell noch 1/4 Liter Brühe nachgießen. Salzen und peffern. Die Petersilie hacken und das fertige Gericht damit bestreuen.

Beim Einkauf der Bohnen sollte man darauf achten, daß sie möglichst aus der letzten Ernte stammen. Das gilt allgemein auch für andere Hülsenfrüchte. Je älter sie sind, um so länger dauert die Einweich- und Kochzeit.

FISCH-REIS-SUPPE (oben)
Das geputzte und gewaschene Gemüse in feine Scheiben schneiden. Öl in einem großen Topf erhitzen und das Gemüse darin andünsten. Den Reis zugeben, mit der Fischbrühe ablöschen und mit Salz, Kurkuma und Chilipulver würzen.
25 Minuten köcheln lassen, dann das in Stücke geschnittene Fischfilet und die Kokoscreme dazugeben und bei geringer Hitze noch etwa 12 bis 15 Minuten kochen, bis der Fisch gar ist.

Bei dieser Suppe werden Südseeträume wach von Sonne, blauem Meer, weißem Strand und sich im Wind wiegenden Palmen. Für die Insulaner ist die Kokospalme der Baum des Lebens. Er bietet ihnen alles, was sie brauchen. Diesem Gericht verleiht die Kokoscreme seinen köstlichen Geschmack und weckt Urlaubsgedanken.

Suppe mit Reisklösschen
Krabben-Reis-Suppe

SUPPE MIT REISKLÖSSCHEN
450–500 g frischer Spinat oder 300 g Tiefkühlspinat
1–2 TL Butter
150 g gegartes Fischfilet
100 g gekochter Klebreis
2–3 EL Reismehl
1 kleines Ei
Salz
frisch gemahlener weißer Pfeffer
abgeriebene Muskatnuß
1 kleiner Brief Bonito-Fischpulver
2 TL Tonkatsu Sauce

Pro Person etwa
192 kcal/804 kJ
13 g E · 2 g F · 28 g Kh

KRABBEN-REIS-SUPPE
2 Frühlingszwiebeln
1/2 kleiner Kopf Chinakohl oder Römischer Salat
4 EL Sesamöl, Distelöl oder Sojaöl
100 g Basmati-Reis
1 1/4 Liter Gemüsebrühe
Salz
Sojasauce
150 g Krabben
etwa 3 EL Reiswein (Sake) oder trockener Sherry

Pro Person etwa
286 kcal/1197 kJ
9 g E · 10 g F · 23 g Kh

SUPPE MIT REISKLÖSSCHEN (links)
Den Spinat verlesen, grobe Stiele abschneiden und waschen. Mit dem anhängenden Wasser und 1 bis 2 Teelöffel Butter in einen Topf geben und zugedeckt etwa 5 Minuten, je nach Sorte, garen. Den Tiefkühlspinat nach der Gebrauchsanweisung zubereiten. Spinat und Fischfilet im Mixer oder mit dem Schneidstab pürieren. Reis, Reismehl und das verquirlte Ei zugeben, mit Salz, Pfeffer und Muskat würzen. 20 Minuten ruhen lassen. Bonito-Fischpulver in 1 Liter Wasser geben und erhitzen. Mit Tonkatsu Sauce verfeinern. Mit zwei Teelöffeln Klößchen abstechen und in die siedende Brühe geben, einige Minuten ziehen lassen.

Der kleine Bruder des Thunfisches, der Bonito, sorgt bei dieser Suppe für den köstlichen Geschmack. Er zählt in Japan zu den beliebtesten Fischen. Getrockneter Bonito wird zu Würzpulver oder Flocken verarbeitet. Fischbrühe läßt sich vorzüglich daraus bereiten. Bonitopulver, flüssiger Extrakt und Flocken sind in japanischen Geschäften erhältlich.

KRABBEN-REIS-SUPPE (rechts)
Die Frühlingszwiebeln putzen und in Ringe, den gewaschenen und abgetropften Chinakohl oder Salat in feine Streifen schneiden. Das Öl in einem Topf erhitzen und beides darin andünsten. Den gewaschenen Reis zufügen und mit der Brühe ablöschen. Mit Salz und Sojasauce gut abschmecken. Die Suppe 15 Minuten köcheln lassen. Zum Schluß die Krabben und den Reiswein hinzugeben.

Viele japanische Speisen werden mit dem Reiswein, Sake, abgeschmeckt. Die europäische Küche würde statt dessen einen trockenen Sherry verwenden. Als Getränk paßt Sake zu fast allen Gerichten. Je nach Art der Speise und der Jahreszeit kann man ihn kalt oder warm servieren.

Reismehlsuppe mit Zitronenmelisse

10 g Wolkenohren (getrocknete Pilze aus Westchina)
gut 1 Liter Hühnerbrühe
3–3½ EL Reismehl
Salz
frisch gemahlener schwarzer Pfeffer
3 EL pürierte Zitronenmelisse

Für das Püree aus Zitronenmelisse:
120 g Zitronenmelisseblätter (ohne Stiele gewogen)
2 cm Stück Ingwerwurzel
3 Frühlingszwiebeln
½ Zitrone
Salz
frisch gemahlener weißer Peffer
2–3 Messerspitzen Cayennepfeffer
2 EL Maiskeimöl oder Sonnenblumenöl

Pro Person etwa
140 kcal/586 kJ
7 g E · 8 g F · 14 g Kh

Tip:
Wer eine Getreidemühle besitzt, kann Reismehl aus Reiskörnern leicht selbst herstellen. Wichtig ist nur, daß das Mahlwerk ganz fein eingestellt werden kann.

Die Pilze mit kochendem Wasser übergießen und etwa 20 bis 30 Minuten stehen lassen. Von der Hühnerbrühe etwas abnehmen und mit dem Reismehl verrühren. Die restliche Hühnerbrühe erhitzen und die Pilze 20 Minuten darin köcheln lassen. Das angerührte Reismehl hinzufügen, mit Salz und Pfeffer würzen und noch weitere 5 bis 6 Minuten kochen lassen.
Für das Püree aus Zitronenmelisse: Die Zitronenmelisseblätter von den Stielen zupfen. Den Ingwer schälen. Die Frühlingszwiebeln grob zerkleinern. Alle Zutaten im Mixer pürieren oder mit dem Pürierstab zerkleinern. Mit Zitronensaft, Salz, Peffer und Cayennepfeffer abschmecken.
3 Eßlöffel für die Suppe nehmen. Zu dem Rest 2 Eßlöffel Öl geben und verrühren. Im Kühlschrank ist diese Kräutermischung etwa 1 Woche haltbar. Zum Schluß die im Mixer pürierte Zitronenmelisse unterrühren und die Suppe servieren.

Getrocknete Pilze wie die aromatischen Wolkenohren sind ein fester Bestandteil der chinesischen Küche.

Bananen-Reis-Suppe

Aus mehr oder weniger scharfen Chilischoten werden viele Arten von „hot sauces“ hergestellt. Tabasco, benannt nach einer Provinz im südöstlichen Mexiko, hat eine besonders scharfe Note. Deshalb sollte man Tabascosauce nur tropfenweise verwenden, vorsichtig abgemessen wie eine gute Medizin. Mit jedem Tropfen werden Sie bei diesem Gericht südlichen Gefilden näher gebracht. Auf dem Markt von Saint George's, der Hauptstadt der Karibikinsel Grenada, findet man Bananen der unterschiedlichsten Sorten.

1 Zwiebel
2 Bananen
40 g Butter
1 Liter Hühnerbrühe
1 EL Zitronensaft
1 Prise Salz
1 Messerspitze Safranpulver
1 Messerspitze frisch geriebene Muskatnuß
1 Messerspitze Ingwerpulver
3 Tropfen Tabascosauce
2 EL Kokoscreme
100 g gekochter Langkornreis
2 EL Reiswein (Sake) oder trockener Sherry
1/8 Liter süße Sahne

Pro Person etwa
448 kcal/1875 kJ
6 g E · 30 g F · 33 g Kh

Die Zwiebel schälen und hacken. Die geschälten Bananen in Scheiben schneiden. Butter in einem Topf erhitzen und beides darin andünsten, anschließend mit dem Schneidstab pürieren und mit der Hühnerbrühe auffüllen. Mit Zitronensaft, Salz, Safran, Muskat, Ingwer und Tabasco abschmecken. Die Kokoscreme und den Reis hinzugeben und alles einige Minuten köcheln lassen. Die Suppe vom Herd nehmen und mit Reiswein und süßer Sahne verfeinern.

Paella valenciana

Für 6 Personen

Für die Brühe:
1 Huhn (etwa 1–1,2 kg, mit Hühnerklein)
1 Karotte, 1 Stange Lauch
1 Stück Sellerieknolle
1 Lorbeerblatt, Thymian
Salz, weißer Pfeffer
Für die Paella:
400 g Schweinefilet
300 g vorbereitete Tintenfische (Calamares)
3 Zwiebeln
3–4 Knoblauchzehen
1 rote Paprikaschote
1 grüne Paprikaschote
4 Tomaten
100 g grüne Bohnen
1–2 Selleriestangen
500 g Miesmuscheln
250 g Herz- oder Venusmuscheln, 10 EL Olivenöl
Salz, schwarzer Pfeffer
1 TL Paprikapulver
500 g spanischer Mittelkornreis
1/8 Liter trockener Weißwein
1–1 1/4 Liter Hühnerbrühe
1 EL Tomatenmark
1 TL Safranpulver
100 g ausgepalte Erbsen
50 g gekochte Kichererbsen
350 g vorbereitete mittelgroße Garnelen in der Schale

Pro Person etwa
950 kcal/3976 kJ
59 g E · 28 g F · 91 g Kh

Für die Brühe: Das Huhn zerlegen. Die Bruststücke von den Knochen lösen, die Keulen vom Rumpf abtrennen und halbieren. Aus der Karkasse des Huhns, dem Hühnerklein, dem kleingeschnittenen Gemüse und den Gewürzen mit 1 1/4 Liter Wasser in 2 Stunden eine Brühe kochen.
Für die Paella: Das Schweinefilet in große Stücke und die Tintenfische in kleinere Stücke schneiden. Die Zwiebeln schälen und hacken und die geschälten Knoblauchzehen zerdrücken. Die Paprikaschoten putzen und in Stücke schneiden. Die Tomaten mit kochendem Wasser übergießen, häuten und kleinschneiden. Die Bohnen putzen und in Stücke, die Sellerie-stangen in Ringe schneiden. Die Muscheln sehr gut reinigen.
Das Olivenöl in einer Paella-Pfanne (ersatzweise eine einfache große Kasserolle) erhitzen. Die Hühnerstücke von allen Seiten etwa 8 bis 10 Minuten gut anbraten. Mit Salz, Pfeffer und Paprikapulver würzen. Schweinefleisch, Tintenfische und Zwiebeln dazugeben. Dann Paprika, Tomaten, Bohnen, Sellerie, Knoblauch und Reis hinzufügen. Alles einige Minuten unter Rühren schmoren und mit Weißwein und Brühe ablöschen. Tomatenmark und Safran zugeben. Nach etwa 10 Minuten die Erbsen, Kichererbsen, Muscheln und die Garnelen hinzufügen. Wenn nötig, nochmals Brühe nachgießen. Mit Salz und Pfeffer abschmecken. Für etwa 15 bis 20 Minuten in den auf 180 bis 190 °C vorgeheizten Backofen stellen.

Es gibt viele Arten Paella, und fast jede Gegend Spaniens hat ihr eigenes Paella-Gericht. Die „Paella valenciana" mit leckeren Meerestieren wurde uns im Hafen von Denia im Schatten der alten Burg vorgesetzt. Sie schmeckte so köstlich, daß ich sie zu Hause gleich wieder ausprobiert habe. Gut, daß ich noch eine Flasche Rioja-Wein im Keller hatte. Da war fast alles wieder wie in Spanien.

Mulligatawny

1 Zwiebel
1 mürber Apfel (Boskop)
1 Stück Sellerieknolle
50 g roher Schinken
1–2 Karotten, Lauch
40 g Butter
4 EL Reismehl, 1 EL Curry
1 Liter Hühnerbrühe
Salz, 1 Lorbeerblatt
2 Messerspitzen gemahlener Ingwer
1/8 Liter süße Sahne
4–6 EL Kokosmilch oder 2 EL Kokoscreme
3 EL Portwein
150 g gekochtes Hühnerfleisch
6 EL gekochter Langkornreis
2 Zweige Petersilie

Pro Person etwa
520 kcal/2176kJ
19 g E · 30 g F · 43 g Kh

Zwiebel, Apfel und Sellerieknolle schälen und würfeln. Den Schinken ebenfalls in Würfel, Karotten und Lauch in Scheiben schneiden. Die Butter erhitzen, den Schinken hinzufügen und die Zwiebel glasig dünsten. Apfel und Gemüse dazugeben, weiterdünsten. Mit Reismehl bestreuen. Currypulver zufügen und kurz durchschwitzen lassen. Mit der Hühnerbrühe ablöschen. Salz, Lorbeerblatt und Ingwer hineingeben und 10 Minuten köcheln lassen. Durch ein Sieb passieren (dabei einige Karottenscheiben zurückbehalten und in feine Streifen schneiden). Die Suppe mit süßer Sahne, Kokosmilch und Portwein verfeinern. Das Hühnerfleisch und den Reis hineingeben. Mit gehackter Petersilie und den Karottenstreifen bestreuen.

Südindische Köche haben vor langer Zeit diese Suppe für ihre englische Herrschaft erfunden und nannten sie „mullagatanny". Sie müssen sie wohl sehr scharf abgeschmeckt haben, denn man könnte diesen Namen mit „Pfefferbrühe" übersetzen. Heute gibt es davon unzählige Varianten. Jede indische Hausfrau besitzt für diese Suppe ihr eigenes Geheimrezept.

Risottos und Beilagen

Gemüserisotto

1 Zwiebel
1 Knoblauchzehe
2 Karotten
150 g Champignons
5 EL Olivenöl
300 g Risottoreis
(Arborio oder Vialone)
¼ Liter herber Cidre
(Apfelwein)
Salz
frisch gemahlener
schwarzer Pfeffer
¾ Liter Gemüsebrühe
1 Frühlingszwiebel
1 Bund glatte Petersilie
250 g feine Tiefkühlerbsen

Pro Person etwa
498 kcal/2084 kJ
12 g E · 15 g F · 73 g Kh

Die Zwiebel schälen und kleinschneiden, die Knoblauchzehe schälen und zerdrücken. Die Karotten waschen und schaben, die Champignons waschen und putzen, beides in Scheiben schneiden. Das Olivenöl erhitzen und die Zwiebel darin andünsten. Karotten, Champignons und Knoblauch dazugeben, weiterdünsten. Den Reis hinzufügen und glasig schwitzen. Mit Cidre ablöschen, salzen und pfeffern. Nach und nach unter häufigem Rühren die Gemüsebrühe dazugießen. Den Risotto, je nach Reissorte, etwa 18 bis 20 Minuten garen lassen. Die Frühlingszwiebel in schmale Ringe schneiden und die Petersilie hacken. 10 Minuten vor Ende der Garzeit die Frühlingszwiebel und die Erbsen zu dem Risotto geben. Die feingehackte Petersilie kurz vor dem Servieren unterrühren.

In Norditalien herrschen ideale Bedingungen für den Gemüseanbau. Beim Gang über einen der Wochenmärkte in kleineren oder größeren Orten übt die bunte Frische des ange-botenen Gemüses eine unwiderstehliche Anziehungskraft aus. Gemüse mit Reis kombiniert ergibt ein vollwertiges Gericht, auch ohne Fleisch.

di qualità
per Riso
VIALONE

Schneckenrisotto
Lachsrisotto

SCHNECKENRISOTTO
2 Frühlingszwiebeln
4 Knoblauchzehen
40 g Butter
350 g Risottoreis (Arborio, Vialone oder Razza)
1/4 Liter Weißwein
etwa 3/4 Liter Gemüsebrühe
Salz
frisch gemahlener schwarzer Pfeffer
1/2 unbehandelte Limette
24–36 Achatschnecken (Dose)
1/2 Bund glatte Petersilie
1 Bund Dill

Pro Person etwa
500 kcal/2093 kJ
12 g E · 11 g F · 70 g Kh

LACHSRISOTTO
1 Schalotte
2 zarte Selleriestangen
1 Bund Dill
400 g Lachsfilet
1/2 Zitrone
Salz
30 g Butter
300 g Risottoreis (Vialone)
1/4 Liter Fischfond
1/4 Liter Weißwein
frisch gemahlener weißer Pfeffer
1/2 Bund Kerbel

Pro Person etwa
492 kcal/2059 kJ
25 g E · 9 g F · 62 g Kh

SCHNECKENRISOTTO (rechts)
Die Frühlingszwiebeln putzen, in Ringe schneiden und die geschälten Knoblauchzehen hacken. Die Butter erhitzen und die Frühlingszwiebeln darin andünsten. Knoblauch und Reis dazugeben. Mit Weißwein ablöschen. Unter häufigem Rühren nach und nach die Gemüsebrühe hinzufügen. Dabei mit dem Nachgießen stets warten, bis die Flüssigkeit verkocht ist. Mit Salz und Pfeffer würzen. Limettenschale abreiben und hinzufügen. Das Ganze etwa 20 Minuten köcheln lassen.
5 Minuten vor Ende der Garzeit die Schnecken samt Schneckenbrühe unterrühren. Petersilie und Dill hacken und den Schneckenrisotto damit bestreuen.

LACHSRISOTTO (links)
Die Schalotte abziehen und fein würfeln. Die Selleriestangen waschen und in schmale Scheiben schneiden. Den Dill hacken, 1 bis 2 Zweige für die Garnitur zurückbehalten. Den Fisch säubern. Mit Zitronensaft beträufeln und salzen. Die Butter in einem Topf erhitzen, die Schalotte und die Selleriestangen hineingeben. 3 bis 4 Minuten dünsten, dann den Reis hinzufügen, glasig schwitzen und unter häufigem Rühren nach und nach 1/4 Liter Wasser, den Fischfond und den Wein zugießen. Mit Salz und Pfeffer würzen. Etwa 18 Minuten garen, der Reis sollte noch Biß haben. Gehackten Kerbel unterziehen und den Risotto mit einigen Kerbelblättchen und Dill garniert servieren.

Risotto nach Art der Reisbauern

20 g getrocknete Steinpilze
1 Zwiebel
1–2 Knoblauchzehen
1 Stange Lauch
3 Selleriestangen mit Grün
3 Karotten
400 g Kürbis
2 EL Olivenöl
1 EL Butter
320 g ungeschälter Risottoreis (Arborio, Vialone oder Razza)
½ Liter Gemüsebrühe
Kräutersalz
frisch gemahlener schwarzer Pfeffer
einige Zweige Petersilie

Pro Person etwa
456 kcal/1908 kJ
10 g E · 10 g F · 75 g Kh

Die Pilze in ½ Liter warmem Wasser etwa 20 Minuten einweichen. Die Zwiebel abziehen und kleinschneiden, die geschälten Knoblauchzehen zerdrücken. Das Gemüse waschen, Lauch und Selleriestangen in schmale Ringe, Karotten in Scheibchen schneiden. Den Kürbis schälen und in Stücke schneiden. Das Öl erhitzen und die Butter hinzufügen. Die Zwiebeln darin glasig dünsten und das restliche Gemüse dazugeben. Etwa 5 Minuten unter Rühren dünsten. Den Reis hineinstreuen, glasig schwitzen und nach und nach mit der Brühe ablöschen, dabei immer wieder umrühren. Wenn die Brühe verbraucht ist, die Steinpilze samt Einweichwasser nach und nach hinzufügen. Mit Kräutersalz und Pfeffer abschmecken. Der ungeschälte Reis benötigt insgesamt etwa 38 bis 42 Minuten Kochzeit, je nach Sorte. Den Risotto mit gehackter Petersilie bestreut servieren.

Weite Flächen bis zum Horizont, unterbrochen nur von einzelnen Pappelreihen, kennzeichnen das große Reisanbaugebiet der Poebene. Erst beim Herannahen bemerkt man die Kanäle und die hinter Deichen geduckten Häuser. Hier leben die Reisbauern, hier wird dieses Risotto aufgetischt. Der Kürbis paßt sich geschmacklich an und sorgt für die freundliche gelbe Farbe des Gerichts.

Risotto mit Miesmuscheln

Für den Risotto:
1 Zwiebel
25 g Butter
320 g Risottoreis (Vialone)
knapp 1 Liter Gemüse-brühe
Salz

Für die Sauce:
2 Schalotten
1–2 Knoblauchzehen
1 Karotte
1 Stück Sellerieknolle
2–3 Zweige glatte Petersilie
35 g Butter
¼ Liter trockener Weißwein
⅛ Liter süße Sahne
Salz
frisch gemahlener schwarzer Pfeffer
1 Lorbeerblatt
1 TL Thymian
10 g Mehl
600 g Miesmuscheln (ohne Schalen gewogen)
1 Bund Schnittlauch

Pro Person etwa
709 kcal/2967 kJ
24 g E · 27 g F · 74 g Kh

Für den Risotto: Die Zwiebel schälen und kleinschneiden. Die Butter erhitzen und die Zwiebel darin andünsten. Den Reis hineingeben und glasig schwitzen. Nach und nach unter häufigem Rühren die Gemüsebrühe hinzufügen und salzen. Etwa 25 Minuten köcheln lassen, bis der Reis eine breiige Konsistenz hat.
Für die Sauce: Die Schalotten schälen und kleinschneiden, die Knoblauchzehen zerdrücken. Karotte und Sellerie waschen, putzen und kleinschneiden. Die Petersilie hacken. 20 g Butter erhitzen und die Schalotten darin leicht andünsten. Knoblauch, Karotte und Sellerie dazugeben, 2 bis 3 Minuten weiterdünsten. Feingehackte Petersilie hinzufügen, mit Weißwein und süßer Sahne ablöschen. Salzen und pfeffern, das Lorbeerblatt und Thymian hineingeben. 10 Minuten köcheln lassen. Mehl mit der restlichen Butter verkneten und in kleinen Stückchen in die Sauce geben. Die Muscheln hinzufügen und 2 bis 3 Minuten bei geringer Temperatur kochen lassen. Nochmals abschmecken. Den Risotto mit der Sauce übergießen und mit Schnittlauchröllchen bestreut servieren.

Dieses Gericht stammt aus Italien. Ganz typisch wird der Risotto, wenn man dazu einen gut gekühlten trockenen Weißwein serviert, wie zum Beispiel einen Soave Classico.

Risotto Duca d'Aosta

300 g Lauch
2 milde grüne Chilischoten
½ milde rote Chilischote
3 EL Olivenöl
2 EL Butter
300 g Risottoreis (Arborio oder Vialone)
knapp ¼ Liter Weißwein
Salz
frisch gemahlener weißer Pfeffer
etwa ¾ Liter Hühnerbrühe
1 EL Trüffelöl oder 1 EL Trüffelbutter
60–80 g geriebener Parmesan

Pro Person etwa
517 kcal/2164 kJ
15 g E · 15 g F · 65 g Kh

Den Lauch der Länge nach aufschneiden, säubern und in sehr schmale Ringe schneiden. Die Chilischoten putzen und fein würfeln. Das Olivenöl erhitzen, die Butter zufügen, die Chilischoten hineingeben und den Lauch darin andünsten. Den Reis dazugeben und glasig schwitzen. Mit Wein ablöschen, salzen, pfeffern und unter häufigem Rühren nach und nach die Brühe hinzufügen. Etwa 25 Minuten köcheln lassen, je nach Reissorte etwas kürzer oder länger, der Risotto sollte eine breiige Konsistenz haben. Zum Schluß 1 Eßlöffel Trüffelöl oder Trüffelbutter unterrühren. Mit geriebenem Parmesan servieren.

Dokumente aus dem Jahr 1475 bezeugen den Reisanbau in Norditalien bereits zu dieser Zeit. Eine sichere Wasserversorgung und das ausgewogene Klima der Poebene waren gute Voraussetzungen dafür. Auch heute noch wachsen die besten Sorten für Risottoreis im Gebiet von Novara im Piemont.

Champignonrisotto
Reissoubise

CHAMPIGNONRISOTTO
2 Zwiebeln
2 Knoblauchzehen
350 g frische Champignons
3 EL Olivenöl
250 g Risottoreis (Arborio)
etwa ½ Liter Gemüse-brühe
Salz
frisch gemahlener weißer Pfeffer
200 ml Sekt (1 Piccolo)
1 Bund Basilikum
50 g Parmesan

Pro Person etwa
433 kcal/1812 kJ
13 g E · 12 g F · 55 g Kh

REISSOUBISE
600 g Zwiebeln
60 g Butter
125 g Risottoreis (Arborio oder Vialone)
etwa ½ Liter Milch
Salz
frisch gemahlener weißer Pfeffer

Pro Person etwa
338 kcal/1415 kJ
8 g E · 13 g F · 44 g Kh

CHAMPIGNONRISOTTO (unten)
Die Zwiebeln schälen und kleinschneiden, die geschälten Knoblauchzehen zerdrücken. Die Champignons waschen, putzen und in Scheiben schneiden.
Olivenöl in einem Topf erhitzen und die Zwiebeln darin einige Minuten glasig dünsten. Knoblauch und Champignons dazugeben und noch einige Minuten weiterdünsten lassen. Den Reis hinzufügen und glasig schwitzen.
Mit etwas Gemüsebrühe ablöschen, salzen und pfeffern.
Unter häufigem Rühren nach und nach Sekt und restliche Gemüsebrühe dazugießen, dabei immer wieder warten, bis die ganze Flüssigkeit aufgesogen ist. Etwa 18 Minuten, je nach Reissorte etwas kürzer oder länger, köcheln lassen. Gut die Hälfte des Basilikums hacken und unterheben. Das Risotto mit den restlichen Basilikumblättchen garnieren und mit frisch geriebenem Parmesan servieren.

REISSOUBISE (oben)
Die Zwiebeln schälen und in Ringe schneiden. Butter in einem Topf erhitzen und die Zwiebeln darin etwa 5 Minuten unter Rühren andünsten. Den Reis hinzufügen und glasig schwitzen.
Mit der Hälfte der Milch ablöschen. Nach und nach die restliche Milch dazugeben und häufig rühren. Mit Salz und Pfeffer würzen. Das Ganze je nach Reissorte etwa 22 Minuten köcheln lassen, dann mit dem Schneidstab pürieren und nochmals abschmecken.
Diese Reisspeise ist eine nicht alltägliche Beilage zu Geflügel.

Risotto mit Leberragout

Für den Risotto:
1 Zwiebel
2 Selleriestangen
2 EL Öl
1 EL Butter
350 g Risottoreis (Vialone, Arborio oder Razza)
etwa 1 Liter Gemüsebrühe
Salz
frisch gemahlener weißer Pfeffer

Für die Leber:
500 g Kalbsleber
1–2 TL Mehl
2 EL Butter
etwa 12 Salbeiblättchen
1/8 Liter trockener Sherry
Salz
frisch gemahlener weißer Pfeffer

Pro Person etwa
737 kcal/3084 kJ
33 g E · 24 g F · 82 g Kh

Für den Risotto: Die Zwiebel abziehen und hacken, die Selleriestangen in dünne Scheiben schneiden. Das Öl erhitzen, die Butter zufügen und die Zwiebel darin andünsten. Anschließend den Sellerie hineingeben und weitere 2 Minuten dünsten. Den Reis hinzufügen und glasig schwitzen. Unter häufigem Rühren nach und nach mit der Brühe ablöschen, salzen und pfeffern. Den Risotto, je nach Reissorte, etwa 18 bis 22 Minuten garen lassen.
Für die Leber: Die Kalbsleber in größere Stücke schneiden, ganz leicht mit Mehl bestäuben und in der erhitzten Butter von allen Seiten anbraten. Salbeiblättchen hinzufügen, die Leber nochmals wenden und mit dem Sherry ablöschen. Je nach Stärke der Stücke insgesamt 3 bis 5 Minuten braten. Zum Schluß mit Salz und Pfeffer würzen und mit dem Risotto servieren.

In der traditionsreichen italienischen Küche spielt unter der Vielzahl der verwendeten Kräuter der Salbei eine besondere Rolle. Bei fettreichen Gerichten wie Gans, Schweinebraten oder Leber darf er nicht fehlen, denn er sorgt für gute Bekömmlichkeit. Damit seine Wirkstoffe voll zur Geltung kommen, sollte er nicht mitgekocht werden.

Reiskroketten

20 g getrocknete Steinpilze
1 Zwiebel
30 g Butter
150 g japanischer Klebreis
Salz
frisch gemahlener weißer Pfeffer
40 g Parmesan am Stück
½ Bund Petersilie
1 Ei
½–¾ Liter Öl zum Fritieren
70 g Paniermehl

Pro Person etwa
450 kcal/1883 kJ
12 g E · 12 g F · 45 g Kh

Die Steinpilze in knapp ½ Liter warmem Wasser 20 Minuten einweichen. Die geschälte Zwiebel in kleine Würfel schneiden.
Butter erhitzen, die Zwiebelwürfel darin andünsten, den Klebreis hinzufügen und kurz durchschwitzen lassen. Die kleingeschnittenen Pilze samt Einweichwasser dazugeben, salzen und pfeffern. Etwa 12 Minuten kochen lassen. Den Parmesan reiben und die Petersilie hacken. Parmesan, Petersilie und Ei unter den warmen Reis rühren.
Öl in einem Topf erhitzen, etwas Paniermehl in die linke Handfläche nehmen, etwas Reismasse daraufgeben und Kroketten formen. Portionsweise in dem heißen Öl fritieren.

Wer allein ißt, stirbt allein, „wer in Gesellschaft ißt, lebt in Heiterkeit", besagt ein italienisches Sprichwort. Diese Reiskroketten, dekorativ auf Spießchen gesteckt, tragen sicher zum Gelingen einer fröhlichen Party bei.

Bohnen-Reis-Getreide
Reistimbale

BOHNEN-REIS-GETREIDE
150 g Augenbohnen
knapp ½ Liter Gemüsebrühe
175 g Reis-Getreide-Mischung (Naturreis mit Hafer, Gerste, Weizen, Roggen, Buchweizen und Sesam)
1 Zwiebel
1 Knoblauchzehe
2–3 Zweige Thymian
1 große Dose geschälte italienische Tomaten
3 EL Olivenöl
Salz
frisch gemahlener schwarzer Pfeffer

Pro Person etwa
445 kcal/1862 kJ
15 g E · 10 g F · 65 g Kh

REISTIMBALE
Für 4–6 Personen
1–2 Schalotten
1 EL Öl
½–1 EL Butter
250 g Langkorn-Naturreis
½ Liter Fleisch-, Geflügel- oder Gemüsebrühe
Salz
Fett für die Förmchen

Pro Person etwa
230 kcal/963 kJ
4 g E · 9 g F · 32 g Kh

BOHNEN-REIS-GETREIDE (unten)
Die Bohnen über Nacht einweichen. Am nächsten Tag im Einweichwasser etwa 45 Minuten kochen lassen. Die Gemüsebrühe erhitzen. Reis-Getreide-Mischung hineingeben, einmal durchheben und abgedeckt ohne Umrühren etwa 30 Minuten kochen lassen. Die geschälte Zwiebel hacken und die abgezogene Knoblauchzehe zerdrücken. Thymianblättchen von den Stielen zupfen. Die Tomaten hacken. Das Olivenöl in einem weiteren Topf erhitzen und die Zwiebel darin glasig dünsten. Knoblauch, Tomaten und Thymian hinzufügen, salzen und pfeffern. Etwa 20 Minuten köcheln lassen. Bohnen und die Reis-Getreide-Mischung dazugeben und nochmals abschmecken.
Dies ist ein eigenständiges, vollwertiges Gericht. Es schmeckt im Sommer auch kalt. Ganz ausgezeichnet paßt es als Beilage zu Lammfleisch.

REISTIMBALE (oben)
Die Schalotten abziehen und in kleine Würfel schneiden. Das Öl erhitzen, die Butter hinzufügen. Den Reis hineingeben und durchschwitzen lassen, so daß die Körner glasig werden. Mit Brühe ablöschen und salzen. Nach dem Aufkochen einmal durchrühren und zugedeckt ohne Umrühren etwa 30 bis 40 Minuten, je nach Sorte, bei niedriger Temperatur köcheln lassen, bis der Reis gar, aber noch bißfest und die Flüssigkeit verdampft ist. Den Reis in die eingefetteten tassengroßen Förmchen füllen, gut festdrücken und stürzen.
Reistimbale können zur Abwechslung in verschiedenen Farben hergestellt werden. Durch Zugabe von pürierten Kräutern werden sie grün, schwarz durch Tinte vom Tintenfisch, gelb durch Safran und rot durch rote Bete. Etwas Tomatenmark färbt sie orange.

REISTORTILLA

Reis wird in Spanien neben anderen bewässerten Gebieten vor allem in der Huerta von Valencia angebaut. Die seit Jahrhunderten hier durchgeführte künstliche Bewässerung verwandelte die regenarme Ebene in einen fruchtbaren Garten: Gemüse, Blumen und Reis gedeihen aufs prächtigste.

Für 2 Personen

2 Frühlingszwiebeln
1 Knoblauchzehe
1 kleine milde grüne Chilischote
1 kleiner Zucchino
1 Zweig glatte Petersilie
1 Zweig Thymian
1–2 Zweige Basilikum
4 Eier
1 Tasse gekochter Reis
Salz
frisch gemahlener schwarzer Pfeffer
1 Messerspitze Paprikapulver
4–5 EL Öl zum Braten
1–2 Tomaten

Pro Person etwa
670 kcal/2804 kJ
21 g E · 34 g F · 64 g Kh

Die Frühlingszwiebeln putzen und in schmale Ringe schneiden, die geschälte Knoblauchzehe zerdrücken. Die Chilischote der Länge nach halbieren, die Kerne entfernen und die Schote kleinhacken. Zucchino grob raffeln, Petersilie hacken, Thymian und Basilikumblättchen zerkleinern (einige Basilikumblättchen als Garnitur zurückbehalten). Die Eier verquirlen. Alle Zutaten mit dem Reis vermischen, würzen. Öl in einer Pfanne erhitzen. Jeweils 1 bis 2 Eßlöffel Reismasse in die Pfanne geben, flachdrücken und beidseitig bei mittlerer Hitze etwa 6 bis 8 Minuten goldgelb braten. Mit Tomatenschnitzen und Basilikumblättchen garniert servieren.

Riz Méditerrané mit drei Saucen

Für die Brühe:
600 g gemischte Meeresfrüchte wie Tintenfische, Kraken, Garnelen, Pfahlmuscheln, Seehecht usw.
Salz, 1 Lorbeerblatt
10 weiße Pfefferkörner
3 sonnengereifte Tomaten
1 Zwiebel
3 Zweige glatte Petersilie
½ Bund Dill
1 Zweig Thymian
Für den Reis:
1 Zwiebel
2 Knoblauchzehen
1 große milde grüne Chilischote
5 EL Olivenöl, 350 g Reis
2 Messerspitzen Safranpulver, Salz
gut ¾ Liter Fischbrühe
knapp ⅛ Liter trockener Weißwein

Für die Saucen:
3 Knoblauchzehen
1 Eigelb
gut 200 ml Olivenöl
Salz, weißer Pfeffer
Saft von ½ Zitrone
Zusätzlich für die 2. Sauce:
1½–2 EL Paniermehl
4–5 EL Fischbrühe
Zusätzlich für die 3. Sauce:
1½ EL Paniermehl
5 EL Fischbrühe
½–1 Bund Dill

Pro Person ohne Saucen etwa
633 kcal/2649 kJ
32 g E · 18 g F · 73 g Kh

Für die Brühe: Meeresfrüchte säubern, salzen und in einen Topf mit 1¼ Liter Wasser geben, das Lorbeerblatt und die zerdrückten Pfefferkörner hinzufügen. Tomaten, Zwiebel, Petersilie und Dill grob zerkleinern. Alles zusammen mit dem Thymianzweig zu den Meeresfrüchten geben und 20 Minuten köcheln lassen. Die Brühe anschließend durch ein Sieb gießen.
Für den Reis: Die Zwiebel abziehen, würfeln und die Knoblauchzehen zerdrücken. Chilischote aufschneiden, die Kerne entfernen, die Schote in kleine Stücke schneiden. Das Olivenöl erhitzen. Zwiebel, Knoblauch und Chilischote darin andünsten. Den Reis hinzufügen und glasig schwitzen. Mit Safran und Salz würzen, mit Fischbrühe und Wein ablöschen. Abgedeckt in etwa 18 bis 20 Minuten bei geringer Hitze fertig garen.
Für die Saucen: Die Knoblauchzehen zerdrücken und mit dem Eigelb verrühren. Tropfenweise das Olivenöl unter ständigem gleichmäßigem Rühren mit einem Schneebesen (oder mit dem Elektroquirl bei geringster Geschwindigkeit) dazugeben. Mit Salz, Pfeffer und Zitronensaft abschmecken. In 3 Schüsselchen füllen.
Für die 2. Sauce: In das 2. Schüsselchen Paniermehl und Fischbrühe einrühren. Die Sauce wird dadurch leichter.
Für die 3. Sauce: In das 3. Schüsselchen zusätzlich zu dem Paniermehl und der Fischbrühe noch sehr fein gehackten Dill geben.
Dazu schmeckt gedämpfter oder gegrillter Fisch wie Seeteufel oder Seehecht.

Zu diesem leckeren Reisgericht mit Meeresfrüchten und schmackhaften Saucen fehlt nur noch ein gut gekühlter Roséwein und ein Tisch direkt am Meer.

Hauptgerichte mit Gemüse, Fisch oder Fleisch

Bunte Reisgerichte

PUY-LINSEN MIT REIS UND GEFLÜGELLEBER
200 g schwarze Puy-Linsen
1/8 Liter Weißwein
1 Lorbeerblatt
1 Tasse Langkorn-Wildreis-Mischung
3 EL Maronenpüree (Dose)
Salz, weißer Pfeffer
1–2 Messerspitzen Kreuzkümmel
1 Bund Koriandergrün
350–400 g Geflügelleber
30 g Butter

Pro Person etwa
500 kcal/2093 kJ
32 g E · 12 g F · 56 g Kh

REIS MIT PILZEN UND SCHWEINEFLEISCH
100 g durchwachsener Speck
400 g Schweinefleisch
2 Zwiebeln
1 Knoblauchzehe
1 rote Paprikaschote
1 grüne Paprikaschote
250 g frische Pilze (Champignons oder gemischte Pilze)
1–2 EL Öl
200 g Langkorn-Naturreis
1 Liter Brühe
Salz, weißer Pfeffer
Worcestershiresauce

Pro Person etwa
596 kcal/2494 kJ
8 g E · 30 g F · 46 g Kh

PUY-LINSEN MIT REIS UND GEFLÜGELLEBER (oben)
Die Linsen in 1/2 Liter Wasser für einige Stunden einweichen. Anschließend im Einweichwasser und dem Weißwein mit dem Lorbeerblatt in etwa 30 Minuten weich kochen.
Inzwischen 2 Tassen Wasser zum Kochen bringen. Den Reis hineingeben, einmal durchheben und abgedeckt bei geringer Hitze etwa 25 bis 30 Minuten garen lassen. Die gekochten Linsen, den Reis und das Maronenpüree vermischen. Mit Salz, Pfeffer und Kreuzkümmel abschmecken. Den Koriander hacken (einige Blättchen für die Garnitur zurückbehalten) und ebenfalls untermischen. Die Geflügelleber in der erhitzten Butter in wenigen Minuten beidseitig in einer Pfanne braten und mit dem Linsen-Reis-Gemisch servieren.

REIS MIT PILZEN UND SCHWEINEFLEISCH (unten)
Den Speck in kleine Würfel, das Schweinefleisch in etwas größere Stücke schneiden. Die Zwiebeln schälen und hacken, die Knoblauchzehe schälen und zerdrücken, die Paprikaschoten putzen und in feine Streifen schneiden. Die Pilze gut waschen und zerkleinern.
Das Öl in einen Topf geben, den Speck darin auslassen und das Fleisch von allen Seiten gut anbraten. Zwiebeln, Knoblauch, Paprika und Pilze hinzufügen. Den Reis hineingeben, mit Brühe auffüllen und mit Salz, Pfeffer und einigen Tropfen Worcestershiresauce würzen. Das Ganze etwa 40 Minuten garen.

Reis mit Huhn aus Puerto Rico

1 Huhn (etwa 1,1 kg)
1 TL getrockneter Thymian
1 TL getrockneter Oregano
2 Zwiebeln
1–2 Knoblauchzehen
1 rote Paprikaschote
1 grüne Paprikaschote
2 Tomaten
4–5 EL Öl
200 g Langkorn-Naturreis
gut 3/4 Liter Brühe oder Wasser
Salz
frisch gemahlener schwarzer Pfeffer
10 grüne Oliven
200 g tiefgekühlte Erbsen (oder aus der Dose)
1/2 Zitrone
1/2 Bund Petersilie

Pro Person etwa
959 kcal/4013 kJ
63 g E · 53 g F · 50 g Kh

Das Huhn waschen, trockentupfen und in Portionsstücke zerteilen. Mit Thymian und Oregano bestreuen und andrücken. Die Zwiebeln schälen und würfeln, die geschälten Knoblauchzehen zerdrücken und die Paprika in schmale Streifen schneiden. Die Tomaten mit kochendem Wasser übergießen, häuten und kleinschneiden.

Das Öl erhitzen und die Hühnerstücke von allen Seiten etwa 10 Minuten anbraten. Zwiebeln, Knoblauch und Paprika hinzufügen und 3 Minuten weiterbraten lassen. Den Reis hineingeben und kurz glasig schwitzen. Mit Brühe oder Wasser ablöschen, salzen und pfeffern. Die Oliven hinzufügen und das Ganze zugedeckt bei geringer Temperatur in etwa 30 bis 40 Minuten fertig garen. Etwa 5 bis 6 Minuten vor Ende der Garzeit die Erbsen und den Zitronensaft hinzufügen und abschmecken. Die gehackte Petersilie unterziehen.

Obwohl Puerto Rico als Commonwealth unter der Verwaltung der Vereinigten Staaten steht und von ihnen stark geprägt ist, erkennt man in seiner Küche noch die ursprünglichen Einflüsse. Der überwiegende Teil der Bevölkerung besteht aus Kreolen, den hellhäutigen Nachkommen der seit dem 16. Jahrhundert eingewanderten Spanier. Sie betrieben, im Gegensatz zu den Einwanderern aus anderen Ländern, auf der Insel intensiv Viehzucht. Neben Gemüse- und Fischgerichten spielen daher schmackhafte Fleischspeisen auf Puerto Rico eine große Rolle.

Roter Reis mit Ratatouille

150 g roter Naturreis aus der Camargue
1 Aubergine
2 Zucchini
1 Zwiebel
2 Knoblauchzehen
5 EL Olivenöl
1 kleine Dose geschälte Tomaten
1 Lorbeerblatt
1 TL getrockneter Majoran
1 TL getrockneter Thymian
1 TL getrocknetes Basilikum
Salz, weißer Pfeffer
2 Eier
6 EL süße Sahne
6 EL Crème fraîche
abgeriebene Muskatnuß
Butter für die Form

Pro Person etwa
581 kcal/2431 kJ
36 g E · 41 g F · 38 g Kh

350 ml Wasser erhitzen. Den Reis hineingeben, durchheben und zugedeckt etwa 20 Minuten bei niedriger Temperatur ausquellen lassen. Aubergine und Zucchini waschen und in große Würfel, die geschälte Zwiebel in kleine Würfel schneiden. Knoblauchzehen abziehen und zerdrücken.
Das Öl erhitzen und die Zwiebel darin andünsten. Knoblauch und Gemüse hinzugeben und unter Rühren 5 Minuten dünsten. Die kleingeschnittenen Tomaten, das Lorbeerblatt, Majoran, Thymian und Basilikum hinzufügen. Salzen, pfeffern und etwa 10 bis 15 Minuten köcheln lassen. Das Gemüse sollte noch Biß haben. Eier, süße Sahne und Crème fraîche verrühren. Mit Salz, Pfeffer und Muskat abschmecken. Eine feuerfeste Form mit Butter ausstreichen. Das Gemüse hineingeben, den Reis darüber verteilen und mit der Eier-Sahne-Mischung abdecken. Für etwa 20 Minuten in den auf 200 bis 220 °C vorgeheizten Backofen stellen.

Das feine Aroma südlicher Kräuter, kombiniert mit schmackhaften Gemüsesorten und Knoblauch aus der Provence, dazu der farbige Reis aus der Camargue: so präsentiert sich hier für Nase, Gaumen und Augen ein wahrhaft mediterraner Genuß.

Meeresfrüchte auf Reis

600 g gemischte Meeresfrüchte wie Tintenfische, Pfahlmuscheln, Venusmuscheln und Garnelen (frisch oder tiefgekühlt)
½ Zitrone
Salz

Für den Pesto:
2 Bund Basilikum
60 ml Olivenöl
2–3 Knoblauchzehen
40 g gemahlene Mandeln
2 EL Zitronensaft
Salz
frisch gemahlener schwarzer Pfeffer

2 Frühlingszwiebeln
2 EL Olivenöl
etwa ¼ Liter Weißwein
200 g Langkornreis

Pro Person etwa
550 kcal/2302 kJ
23 g E · 27 g F · 43 g Kh

Frische Meeresfrüchte vorbereiten, tiefgekühlte auftauen lassen (eventuell in der Mikrowelle), anschließend mit Zitronensaft beträufeln und salzen.
Für den Pesto: Basilikum waschen und trockentupfen. Mit Olivenöl, Knoblauchzehen, Mandeln, Zitronensaft, Salz und Pfeffer im Mixer pürieren.
Die Frühlingszwiebeln fein würfeln, das Grün in schmale Ringe schneiden. Das Olivenöl erhitzen und die Frühlingszwiebeln darin andünsten. Die Meeresfrüchte dazugeben und unter Rühren 2 bis 3 Minuten leicht braten. Dann den Pesto hinzufügen und 1 Minute weiterbraten lassen. Mit Weißwein ablöschen und das Ganze etwa 12 bis 15 Minuten köcheln lassen.
Etwa 400ml Wasser zum Kochen bringen, den Reis und etwas Salz hineingeben, einmal durchheben und zugedeckt ohne Umrühren bei kleiner Temperatur etwa 18 Minuten ausquellen
lassen. Mit den Meeresfrüchten servieren.

Das Besondere an den Pestos, die zu Fleisch- und Fischgerichten, aber auch zu Reis sehr gut passen, ist die Verwendung von frischen Kräutern. Der klassische Pesto verbindet Basilikum mit Käse. Inzwischen gibt es viele schmackhafte Varianten. Vielleicht gelingt Ihnen eine neue Kreation?

Reis mit Spitzkohl
Gefüllte Zwiebeln

REIS MIT SPITZKOHL
600 g Spitzkohl
1 Zwiebel
150 g durchwachsener geräucherter Bauchspeck
3 EL Öl
1 TL Kümmelkörner
200 g Langkorn-Wildreis-Mischung
1 Liter Gemüsebrühe
Salz
frisch gemahlener schwarzer Pfeffer

Pro Person etwa
563 kcal/2356 kJ
13 g E · 25 g F · 53 g Kh

GEFÜLLTE ZWIEBELN
4 Gemüsezwiebeln
1 Tasse gekochter Langkornreis
2 Eier
3 EL frisch geriebener Gruyère oder mittelalter Gouda
Salz
frisch gemahlener weißer Pfeffer
1 EL gehackte Petersilie
25 g Butter
Fett für die Form

Pro Person etwa
220 kcal/921 kJ
6 g E · 11 g F · 24 g Kh

REIS MIT SPITZKOHL (oben)
Den Spitzkohl putzen, waschen und in 4 Teile schneiden. Den Strunk entfernen und die Blätter in feine Streifen schneiden. Die Zwiebel schälen und würfeln. Den Speck kleinschneiden. Das Öl erhitzen. Bauchspeck und Zwiebel hineingeben und glasig dünsten. Den Spitzkohl und Kümmel zufügen und etwa 5 Minuten unter häufigem Rühren braten. Die Reismischung hineingeben und glasig schwitzen. Gemüsebrühe angießen, salzen und pfeffern. Abgedeckt etwa 20 Minuten ohne Umrühren bei geringer Temperatur garen.
Dieses Reisgericht schmeckt gut als Eintopf oder als Beilage für Wildgerichte.

GEFÜLLTE ZWIEBELN (unten)
Die geschälten Zwiebeln in Wasser im Ganzen halbgar kochen, das dauert etwa 10 Minuten. Das Herz auslösen, fein hacken und mit dem Reis, den verquirlten Eiern und dem Käse vermischen. Salz, Pfeffer und die Petersilie dazugeben und die Reismischung in die ausgehöhlten Zwiebeln füllen. Butterflöckchen aufsetzen. Eine Auflaufform einfetten und die Zwiebeln im vorgeheizten Backofen bei mittlerer Temperatur in etwa 15 bis 20 Minuten goldgelb backen.
Mit einem Dessert als Abschluß ist dies ein beliebtes vegetarisches Gericht.

Pilaw mit Thunfisch und Safranmayonnaise

Für die Fischspieße:
1 Zwiebel
2 EL Zitronensaft
Salz
frisch gemahlener weißer Pfeffer
4 EL Olivenöl
600 g frischer Thunfisch
1 rote Paprikaschote
2–3 Stengel Salbei
etwa 4 EL Olivenöl zum Bestreichen der Spieße

Für die Safranmayonnaise:
2 Eigelb
1 EL Weißweinessig
1 TL Senf
Salz
frisch gemahlener weißer Pfeffer
1 Messerspitze Safranpulver
200 ml kaltgepreßtes Olivenöl

Für den Pilaw:
1 Zwiebel
1 Knoblauchzehe
2 EL Olivenöl
1–2 EL Butter
350 g Langkornreis
50 g Pinienkerne
gut 3/4 Liter Gemüsebrühe
Salz
frisch gemahlener weißer Pfeffer
2 Messerspitzen gemahlener Koriander

Pro Person etwa
1450 kcal/6068 kJ
46 g E · 104 g F · 75 g Kh

Für die Fischspieße: Die Zwiebel abziehen und kleinschneiden. Zitronensaft mit Salz, Pfeffer und Olivenöl verrühren. Den Thunfisch in mundgerechte Stücke schneiden und mit der Marinade übergießen. Abgedeckt kühl stellen. Am nächsten Tag die Paprika in etwa gleich große Stücke schneiden. Paprikastücke abwechselnd mit dem Fisch und Salbeiblättchen auf Spieße stecken und mit Öl bestreichen.
Für die Safranmayonnaise: Die Eigelbe mit Essig, Senf und den Gewürzen verrühren, das Öl tropfenweise dazugeben.
Für den Pilaw: Die Zwiebel abziehen und würfeln und die geschälte Knoblauchzehe zerdrücken. Das Öl erhitzen, die Butter zugeben und die Zwiebel darin andünsten. Knoblauch, Reis und Pinienkerne hinzufügen und den Reis glasig schwitzen. Mit Gemüsebrühe ablöschen, die Gewürze zugeben, einmal durchrühren und abgedeckt ohne weiteres Umrühren bei geringer Temperatur 18 bis 22 Minuten, je nach Sorte, garen lassen.
Die Spieße unter den vorgeheizten Grill legen und auf jeder Seite etwa 3 bis 5 Minuten, je nach Stärke der Fischstücke, grillen.

Im Vorderen Orient nimmt der Reis in der Küche eine gewichtige Stellung ein. Die Araber nennen ihn „roz“. Bei den Türken heißt er „pirinç“ oder, wenn er mit Zutaten bereitet wird, „pilaw“.

Aprikosenreis mit Hähnchenbrust

200 g kleine schwarze ungeschälte Linsen (Puy-Linsen)
Salz
frisch gemahlener schwarzer Pfeffer
1 Messerspitze Kreuzkümmel
80 g getrocknete Aprikosen
1 Zwiebel
400 g Hähnchenbrustfilet
45 g Butter
40 g Mandelblättchen
200 g Basmati-Reis
½ Liter Gemüsebrühe
18–20 Minzblättchen

Pro Person etwa
679 kcal/2842 kJ
36 g E · 20 g F · 85 g Kh

Die Linsen in ½ Liter Wasser 1 bis 2 Stunden einweichen. Anschließend im Einweichwasser etwa 35 bis 45 Minuten kochen, je nach Alter und Sorte der Linsen. Mit Salz, Pfeffer und Kreuzkümmel abschmecken. Die Aprikosen mit ⅛ Liter warmem Wasser übergießen. Die Zwiebel schälen und in kleine Würfel schneiden. Hähnchenbrust kleinschneiden. Die Butter erhitzen, die Mandeln hineingeben und anrösten. Die Zwiebel hinzufügen und glasig dünsten, den Reis dazugeben und anschwitzen. Mit der Gemüsebrühe ablöschen. Die Aprikosen kleinschneiden und samt Einweichwasser zu dem Reis geben. Zudecken und alles 5 Minuten bei geringer Hitze köcheln lassen. Hähnchenbrust zufügen und weitere 5 Minuten köcheln lassen. Salzen und pfeffern. Minzblättchen waschen, kleinschneiden (einige Blättchen für die Garnitur zurückbehalten) und hinzufügen. Das Reisgericht mit Minze garnieren und mit den Linsen servieren.

Die kleinen rundlichen schwarzen Puy-Linsen haben den großen Vorteil, daß sie nicht so leicht zerkochen. In diesem Gericht gehen sie mit ihrem köstlichen Aroma eine sehr gelungene kulinarische Verbindung mit dem Basmati-Reis ein.

Kohl mit Reisfleisch
Lammkasserolle

KOHL MIT REISFLEISCH
1 Zwiebel
1 Knoblauchzehe
1 kleiner Spitzkohl
(etwa 400 g)
35 g Butterschmalz
300 g Hackfleisch
Salz
4–5 getrocknete, in Öl eingelegte Tomaten (Glas)
150 g Langkorn-Wildreis-Mischung
2½ Liter Gemüsebrühe
frisch gemahlener weißer Pfeffer

Pro Person etwa
546 kcal/2285 kJ
24 g E · 29 g F · 39 g Kh

LAMMKASSEROLLE
2 Knoblauchzehen
400 g Lammfleisch
(Rücken oder Keule)
gut ¼ Liter Olivenöl
2 Rosmarinzweige
2 Fenchelknollen mit Grün (etwa 250 g)
½ unbehandelte Zitrone
200 g Parboiled Naturreis
1 Liter Gemüsebrühe
Salz
frisch gemahlener weißer Pfeffer

Pro Person etwa
1084 kcal/4537 kJ
20 g E · 23 g F · 46 g Kh

KOHL MIT REISFLEISCH (unten)
Die Zwiebel abziehen und fein würfeln, die Knoblauchzehe schälen und hacken. Spitzkohl putzen, waschen, vierteln und den Strunk entfernen, fein schneiden. Butterschmalz in einem breitwandigen Topf erhitzen, das Hackfleisch hineingeben, salzen und anbraten. Zwiebel, Knoblauch und die abgetropften, kleingeschnittenen Tomaten dazugeben. Nach 5 Minuten den Reis hinzufügen. Die Brühe zugießen und mit Salz und Pfeffer würzen. Etwa 18 bis 20 Minuten bei niedriger Temperatur köcheln lassen. Vom Herd nehmen und 5 Minuten nachquellen lassen.

LAMMKASSEROLLE (oben)
Die Knoblauchzehen schälen und zerdrücken, auf das Fleisch streichen. Das Fleisch in eine passende Schüssel geben und mit Olivenöl begießen, einen Rosmarinzweig dazugeben.
24 Stunden gekühlt stehen lassen, dabei das Fleisch ein- oder zweimal umdrehen.
Fenchelknollen putzen und in schmale Streifen schneiden, das Fenchelgrün kleinschneiden. Die Zitronenschale abreiben. Das Fleisch in mundgerechte Stücke schneiden.
4 Eßlöffel Olivenöl in einer Kasserolle erhitzen und das Fleisch darin kurz anbraten. Den Reis hinzufügen und glasig schwitzen. Dann den Fenchel dazugeben und Brühe angießen. Mit Salz und Pfeffer würzen und für etwa 22 bis 26 Minuten in den auf 200 bis 210 °C vorgeheizten Ofen stellen. Mit der Zitronenschale würzen und mit frischen Rosmarinnadeln bestreuen.

Reis-Lamm-Kasserolle
Hammel-Reis-Ragout

REIS-LAMM-KASSEROLLE
400 ml Brühe oder Wasser
200 g Langkorn-Naturreis
400 g Lammfleisch
1 Aubergine, 1 Zwiebel
2 Knoblauchzehen
150 g zarte grüne Bohnen
3 Tomaten, 6 EL Öl
Salz, weißer Pfeffer
Majoran, Thymian
Basilikum
2 EL Tomatenketchup
Fett für die Form
200 g Crème fraîche
2 Eier
2 EL Paniermehl

Pro Person etwa
842 kcal/3524 kJ
24 g E · 56 g F · 47 g Kh

HAMMEL-REIS-RAGOUT
500 g Hammelfleisch (Keule)
1 Zwiebel, 3 EL Öl
Salz, Piment
Zimtpulver
Gewürznelken
Kurkuma
frisch geriebene Muskatnuß
gut ½ Liter Fleischbrühe
200 g Langkorn-Naturreis
1 rote Paprikaschote
gehackte Petersilie

Pro Person etwa
593 kcal/2482 kJ
21 g E · 34 g F · 41 g Kh

REIS-LAMM-KASSEROLLE (unten)

Brühe oder Wasser in einem Topf zum Kochen bringen und den Reis hineingeben. Einmal durchheben und bei kleinster Hitze zugedeckt ohne Umrühren etwa 30 bis 35 Minuten ausquellen lassen. Der Reis sollte noch Biß haben.

Das Fleisch und die gewaschene Aubergine in 2 bis 3 cm große Würfel schneiden. Die Zwiebel schälen und hacken, die Knoblauchzehen schälen und zerdrücken, die Bohnen putzen. Die Tomaten überbrühen, häuten und in Scheiben schneiden.

Das Öl in einem zweiten Topf erhitzen und das Fleisch darin von allen Seiten gut anbraten. Mit Salz, Pfeffer und den Kräutern würzen, herausnehmen und warm stellen. Im gleichen Öl Zwiebel, Knoblauch und Auberginenwürfel andünsten, Tomatenketchup hinzugeben.

Eine feuerfeste Form einfetten. Schichtweise den Reis, das Fleisch und das Gemüse einfüllen und nochmals abschmecken. Die Crème fraîche mit den Eiern verquirlen und darübergeben. Mit Paniermehl bestreuen und für etwa 40 Minuten bei 180 bis 200 °C in den Backofen stellen.

HAMMEL-REIS-RAGOUT (oben)

Das Fleisch in große Würfel schneiden, die Zwiebel schälen und fein hacken. Beides in einem breiten Topf in heißem Öl anbraten, die Gewürze hinzufügen und wenig Fleischbrühe dazugießen. Sobald das Fleisch halbgar ist, den Reis und die geputzte und kleingeschnittene Paprikaschote hinzufügen, mit der restlichen Fleischbrühe auffüllen und zugedeckt bei niedriger Temperatur 35 bis 40 Minuten, je nach Reissorte, garen. Das Ragout mit Petersilie bestreut servieren.

Medaillons vom Seeteufel mit Wildreis

100 g Wildreis
Salz
100 g Meeresalgen

Für die Safransauce:
1 Schalotte
100 ml trockener Weißwein
1–2 EL Noilly-Prat (französischer Wermut)
300 ml Fischfond
200 ml süße Sahne
20 g Butter
2 Messerspitzen Safranpulver
Salz
frisch gemahlener weißer Pfeffer
½–1 TL Zitronensaft

4 Seeteufelmedaillons (je etwa 100–120 g)
½ Zitrone
Salz
frisch gemahlener weißer Pfeffer
1 EL geschmacksneutrales Öl wie Sojaöl
25 g Butter

Pro Person etwa
741 kcal/3101 kJ
21 g E · 30 g F · 35 g Kh

Den Wildreis zwei- bis dreimal in warmem Wasser waschen und abtropfen lassen. ½ Liter Wasser zum Kochen bringen. Den Reis hineingeben, Salz zufügen, einmal durchheben und zugedeckt bei geringer Temperatur etwa 40 Minuten köcheln lassen. Vom Herd nehmen und noch etwas quellen lassen. Die Meeresalgen säubern, nur die zarten Teile verwenden, wässern und anschließend 4 bis 5 Minuten über Wasserdampf garen.
Für die Safransauce: Die Schalotte abziehen, in Scheiben schneiden und mit dem Weißwein in einen Topf geben. Noilly-Prat zugießen und alles zum Kochen bringen. Den Fischfond hinzufügen und so lange kochen lassen, bis nur noch die Hälfte bis ein Drittel der Flüssigkeitsmenge vorhanden ist. Dann die süße Sahne einrühren und unter häufigem Rühren bei geringer Temperatur aufkochen lassen. Die Sauce durch ein Sieb in einen anderen Topf passieren. Butter und Safran einrühren und mit dem Mixstab aufrühren. Mit Salz, Pfeffer und Zitronensaft abschmecken.
Die Fischmedaillons waschen, trockentupfen, mit Zitronensaft beträufeln, salzen und pfeffern. Das Öl in einer Pfanne erhitzen, Butter dazugeben und die Medaillons darin auf jeder Seite etwa 2 bis 4 Minuten braten.
Auf vorgewärmten Tellern den Fisch mit der Safransauce, den Algen und dem Wildreis servieren.

In vielen Ländern, die an Weltmeere grenzen, spielt das Meeresgemüse eine bedeutende Rolle in der Ernährung. Besonders „Wakame“, eine submarine Pflanze und in der japanischen Küche sehr beliebt, aber auch die Rotalge „Dulse“ aus den kalten Zonen des Atlantiks, die bereits von den Wikingern und Kelten sehr geschätzt wurde, enthalten neben hochwertigem Eiweiß viel Jod, Kalzium, Eisen und Vitamine. Dieses Meeresgemüse wird in flachen Gewässern vom Boot aus mit Haken geerntet. In größeren Tiefen schneiden Taucher die strauchartigen Pflanzen ab, um sie dann mit Netzen oder Körben ins Schiff heraufzuholen.

Leber-Reis-Knödel

125 g durchwachsener geräucherter Speck
1 Zwiebel
1 Knoblauchzehe
200 g Schweineleber
100 g Hühnerleber
½ Bund Petersilie
½ Bund Schnittlauch
½ Bund Dill
1–2 EL Öl
2 Eier
1 Eigelb
2 EL süße Sahne
200 g gekochter Mittelkornreis (Arborio oder Vialone)
Salz
frisch gemahlener weißer Pfeffer
frisch geriebene Muskatnuß
Oregano
Thymian
3–5 EL Paniermehl
1 Liter Brühe

Pro Person etwa
671 kcal/2808 kJ
28 g E · 37 g F · 48 g Kh

Tip:
Die Brühe darf wirklich nur sieden, da die Knödel sonst auseinanderfallen.

Den Speck würfeln. Die Zwiebel schälen und hacken, die Knoblauchzehe schälen und zerdrücken. Die Leber durch den Fleischwolf drehen (feine Scheibe verwenden). Die gewaschenen Kräuter kleinschneiden. Das Öl in einer Pfanne erhitzen. Speckwürfel und Zwiebel darin andünsten, den Knoblauch kurz dazugeben.
Speckwürfel, Zwiebel, Knoblauch, Kräuter, Eier, Eigelb, Sahne und Reis mit der Leber verkneten, mit Salz, Pfeffer, Muskat, Oregano und Thymian würzen und so viel Paniermehl zufügen, daß die Masse gut zusammenhält. Knödel abstechen, mit den Händen rund formen und in der heißen Brühe etwa 15 bis 20 Minuten sieden lassen.

Ob Klöße oder Klopse, Klües oder Knepp, in Bayern und in den Alpenländern läßt man sie sich als Knödel schmecken. Wer erst einmal Erfahrung sammeln möchte, bevor er seinen Gästen Knödel aus der eigenen Küche vorsetzt, sollte einen Probeknödel kochen. So kann man die vorbereitete Masse noch korrigieren. Der Knödel darf beim Kochen nicht auseinanderfallen. Zur Garprobe wird er mit einer Gabel zerteilt, er sollte innen trocken und locker sein.

Reis mit Chili con Carne

Knapp 1 Liter Wasser zum Kochen bringen, den Reis und etwas Salz hineingeben. Einmal durchheben und zugedeckt ohne Umrühren bei geringer Temperatur etwa
18 Minuten ausquellen lassen. Mit dem Fleisch servieren.

Auf dem Gemüsemarkt in San Cristobal, Mexiko, findet man die frischen Zutaten für die scharfen, delikaten Gerichte.

2 Zwiebeln
2–3 Knoblauchzehen
2 Selleriestangen
1 Stück Sellerieknolle
1 Karotte
½ unbehandelte Zitrone
5 EL Öl
500 g mageres Rinderhackfleisch
1 große Dose geschälte Tomaten
2 Zweige Thymian
1 Teelöffel Senf
Salz
½ TL Chilipulver
2 Messerspitzen Piment
¼ Liter Rotwein
1 große Dose Kidneybohnen
400 g Langkornreis

Pro Person etwa
1265 kcal/5294 kJ
55 g E · 32 g F · 161 g Kh

Die Zwiebeln schälen und kleinschneiden, die Knoblauchzehen schälen und zerdrücken. Das Gemüse putzen und in Würfel oder Scheiben schneiden. Zitronenschale abreiben.
Das Öl erhitzen und das Fleisch darin anbraten. Zwiebeln, Gemüse und Knoblauch zufügen und einige Minuten weiterbraten lassen. Die Tomaten zerdrücken und hinzufügen. Thymianblättchen von den Stielen streifen und mit der Zitronenschale und dem Senf dazugeben. Mit Salz, Chilipulver und Piment würzen und mit Rotwein ablöschen. Zugedeckt bei niedriger Temperatur etwa
50 Minuten köcheln lassen. Kurz vor Ende der Garzeit die roten Bohnen hinzufügen, abschmecken.

Extra
CERVEZA
ØL
BIRRA

Reiskasserolle mit Okraschoten

2 Zwiebeln
2 Knoblauchzehen
1 Chilischote
400 g Okraschoten
350 g Tomaten
4 EL Olivenöl
200 g Langkorn-Naturreis
Salz
1 Messerspitze Cayennepfeffer
1 TL Kreuzkümmel
1 TL gemahlener Koriander
½ Liter Fleisch-, Geflügel- oder Gemüsebrühe

Pro Person etwa
343 kcal/1435 kJ
5 g E · 13 g F · 50 g Kh

Tip:
Zur Abwechslung können auch Reste von Lammfleisch mit untergemischt werden.

Die Zwiebeln schälen und in Würfel schneiden, die Knoblauchzehen schälen und zerdrücken. Die Chilischote entkernen und hacken. Den Stengelansatz der gewaschenen Okraschoten abschneiden, aber nicht die Spitze (Saftverlust). Die Tomaten überbrühen, häuten und dann kleinschneiden.

Das Olivenöl in einem Schmortopf erhitzen. Zwiebeln, Knoblauch und Chilischote darin andünsten. Die Okraschoten dazugeben und unter Rühren einige Minuten anbraten. Reis, Tomaten und die Gewürze hinzufügen. Mit Brühe ablöschen und gut abschmecken. Bei 190 °C im vorgeheizten Backofen 45 Minuten garen.

Okra, bei uns noch nicht so verbreitet, ist eine sehr alte Gemüseart. Bereits vor etwa 4000 Jahren wurde sie in Afrika angebaut. Um bei der Vorbereitung des Gemüses die Schale nicht zu verletzen, schneidet man am besten mit einem sehr scharfen Messer den Stielansatz vorsichtig so ab, als ob man einen Bleistift anspitzt. Dann können die Schoten bis zur Weiterverarbeitung in Zitronenwasser gelegt werden.

geografischer Herkunft

Gebratener Reis

GEBRATENER REIS MIT MEERESFRÜCHTEN
200 g Langkornreis
Salz, 400 g Fischfilet
½ Zitrone, 8 Garnelen
4 Selleriestangen
4 Frühlingszwiebeln
200 g Chinakohl
2 Knoblauchzehen
1 Bund Koriandergrün
3 EL Öl, weißer Pfeffer
⅛ Liter Fischbrühe oder Wasser
2–3 EL Austernsauce
2–3 EL Fischsauce

Pro Person etwa
405 kcal/1695 kJ
29 g E · 9 g F · 45 g Kh

GEBRATENER REIS MIT SOJABOHNENSPROSSEN
1 weiße Zwiebel
2 Frühlingszwiebeln
2 rote Chilischoten
1 Knoblauchzehe
2–3 cm Ingwerwurzel
2–3 cm Galgantwurzel
250 g Sojabohnensprossen
300 g Riesenscampi
3 EL Erdnußöl
Salz, weißer Pfeffer
1 TL Shrimpspaste
200 g gekochter Langkornreis
50 ml Brühe
3 Zweige Koriandergrün

Pro Person etwa
371 kcal/1553 kJ
18 g E · 10 g F · 46 g Kh

GEBRATENER REIS MIT MEERESFRÜCHTEN (oben)
Einen halben Liter Wasser zum Kochen bringen. Den Reis und etwas Salz hineingeben, einmal durchheben und zugedeckt bei geringer Temperatur etwa 16 bis 17 Minuten ausquellen lassen. Der Reis sollte noch sehr bißfest sein. Den Fisch säubern, in mundgerechte Stücke schneiden, mit Zitronensaft beträufeln und salzen. Die Garnelen schälen, längs halbieren und den Darm entfernen. Das Gemüse waschen und putzen. Selleriestangen und Frühlingszwiebeln in Ringe schneiden. Die Chinakohlblätter etwas zerkleinern, die Knoblauchzehen zerdrücken, Koriander kleinzupfen (einige Blättchen für die Garnitur zurückbehalten).
Das Öl in einem Wok oder in einer tiefen Pfanne erhitzen. Das Gemüse und den Knoblauch hineingeben, salzen, pfeffern und unter ständigem Rühren 5 Minuten braten. Reis und Fisch zugeben und weitere 3 Minuten unter Rühren braten. Brühe oder Wasser zugießen. Mit Austern- und Fischsauce abschmecken und den kleingeschnittenen Koriander unterrühren. Mit den restlichen Korianderblättchen garnieren.

GEBRATENER REIS MIT SOJABOHNENSPROSSEN (unten)
Die Zwiebel abziehen und in Segmente teilen, die Frühlingszwiebeln in schmale Ringe schneiden. Die Chilischoten halbieren, entkernen und in kleine Stücke schneiden. Die Knoblauchzehe zerdrücken. Ingwer- und Galgantwurzel schälen und hacken. Die Sojabohnensprossen waschen und trockentupfen. Die Garnelen der Länge nach halbieren und den Darm entfernen.
Das Erdnußöl im Wok oder in einer tiefen Pfanne erhitzen. Zwiebeln (das Frühlingszwiebelgrün zurückbehalten), die Ingwer- und Galgantwurzel, Knoblauch und Sojabohnensprossen kurz unter ständigem Rühren darin braten. Die Chilischoten zugeben. Mit Salz, Pfeffer und Shrimpspaste würzen. Den Reis, die Brühe und das Frühlingszwiebelgrün hinzufügen. Heiß werden lassen und nochmals abschmecken. Mit Korianderblättchen garniert servieren.

Mangoldauflauf mit Mornay-Sauce

Für den Auflauf:
200 g Langkorn-Wildreis-Mischung
Salz
500 g Mangold
20 g Butter
frisch gemahlener weißer Pfeffer

Für die Sauce:
40 g Butter
25 g Mehl
etwa 1/4 Liter Milch
1 Ei
60 g frisch geriebener Parmesan
Butter für die Form

Pro Person etwa
457 kcal/1913 kJ
16 g E · 22 g F · 51 g Kh

Für den Auflauf: 1/2 Liter Wasser zum Kochen bringen. Die Reismischung mit dem Salz zugeben, einmal durchheben und ohne weiteres Umrühren abgedeckt etwa 17 bis 18 Minuten ausquellen lassen. Der Reis sollte noch Biß haben. Mangold waschen und putzen. Die Blätter in Streifen schneiden, die groben Stiele entfernen, die zarteren Rippen kleinschneiden. Die Butter erhitzen, Mangold dazugeben und etwas andünsten. Salzen, pfeffern und mit 1/4 Liter Wasser auffüllen. Etwa 10 Minuten garen lassen. Abgießen und die Brühe auffangen.

Für die Sauce: Die Butter erhitzen und das Mehl darin goldgelb schwitzen. Die Mangoldbrühe mit heißer Milch auf knapp 1/2 Liter Flüssigkeit auffüllen und unter Rühren dazugeben. Einige Minuten kochen lassen. Salzen und pfeffern, dann etwas abkühlen lassen. Das Ei trennen. Eigelb und Käse in die Sauce rühren. Eiweiß zu Schnee schlagen und unterheben.

Eine Auflaufform einfetten. Zuerst den Reis, dann den Mangold hineinfüllen und mit der Mornay-Sauce abdecken. 20 bis 25 Minuten bei 180 bis 190 °C in den vorgeheizten Backofen stellen.

Der frisch geriebene Parmesan setzt diesem Auflauf erst die Krone auf. Der echte Parmigiano-Reggiano entsteht wie vor Hunderten von Jahren aus Milch, Lab und Feuer. Die Milch muß aus einer bestimmten Gegend stammen, die gesetzlich festgelegt ist, nämlich aus den Provinzen Parma, Reggio Emilia, Modena, Mantua (rechts vom Po) und Bologna (links vom Reno).

Reis-Kürbis-Auflauf
Auberginen-Auflauf

REIS-KÜRBIS-AUFLAUF
2 Zwiebeln
2–3 cm frische Ingwerknolle
1 Stange Lauch
1 kg Kürbis
2 EL Sojaöl, 1–2 EL Butter
400 g Rundkorn-Vollreis
knapp ¾ Liter Gemüsebrühe
Salz, schwarzer Pfeffer
Butter für die Form
100 g geriebener Emmentaler

Pro Person etwa
690 kcal/2888 kJ
19 g E · 26 g F · 90 g Kh

AUBERGINEN-AUFLAUF
1–2 Auberginen
1 Zucchino, 5 Tomaten
1 Knoblauchzehe
8–10 EL Olivenöl
1 EL Butter, Salz
Garam Masala (indische Würzmischung)
schwarzer Pfeffer
½ Bund glatte Petersilie
150 g gekochter Reis
2 Eier, 5 EL Naturjoghurt
4 EL Crème fraîche

Pro Person etwa
535 kcal/2239 kJ
9 g E · 34 g F · 37 g Kh

REIS-KÜRBIS-AUFLAUF (oben)
Zwiebeln und Ingwer schälen und fein hacken. Lauch waschen, trockentupfen und in schmale Ringe schneiden. Kürbis schälen und in große Würfel schneiden. Das Öl erhitzen, die Butter zugeben und die Zwiebeln etwa 3 Minuten darin andünsten. Lauch, Kürbis und Ingwer zugeben und weitere 3 bis 5 Minuten unter Rühren dünsten. Den Reis einstreuen, kurz glasig schwitzen und mit Gemüsebrühe ablöschen. Salzen und pfeffern. Einmal durchheben und zugedeckt bei geringer Hitze 28 bis 32 Minuten ausquellen lassen, bis der Reis fast gar, aber noch sehr bißfest ist. Eine Auflaufform einfetten. Den Kürbisreis hineinfüllen, mit Käse bestreuen und 28 bis 32 Minuten in dem auf 195 bis 200 °C vorgeheizten Ofen backen.

AUBERGINEN-AUFLAUF (unten)
Die Auberginen und den Zucchino in Scheiben schneiden. Die Tomaten überbrühen und häuten. Die abgezogene Knoblauchzehe zerdrücken. Das Öl erhitzen und die Auberginenscheiben etwa 3 bis 4 Minuten auf jeder Seite bei mittlerer Hitze braten. Herausnehmen und in eine mit Butter eingefettete Auflaufform legen. Mit Salz und Garam Masala würzen. Zucchino in der gleichen Pfanne mit dem Knoblauch kurz braten und über die Auberginen legen. Salzen und pfeffern. Die Tomaten in Scheiben schneiden und darüberschichten, ebenfalls salzen und pfeffern. Mit gehackter Petersilie bestreuen und den Reis darüber verteilen. Eier, Joghurt und Crème fraîche verrühren, mit Salz und Pfeffer würzen und die Mischung über den Reis gießen. Bei 170 bis 180 °C etwa 30 Minuten in den vorgeheizten Backofen stellen.

Klippfisch mit Reis

600 g Klippfisch
1 Zwiebel
1 Knoblauchzehe
1 Stange Lauch
1 Karotte
1 Stück Sellerieknolle
3 EL Öl
1 EL Butter
200 g Langkornreis
3 Tomaten
2 TL Tomatenmark
400 ml Fisch- oder Gemüsebrühe
frisch gemahlener weißer Pfeffer
1–2 Messerspitzen Safranpulver
½ Bund glatte Petersilie
1 unbehandelte Zitrone

Pro Person etwa
504 kcal/2109 kJ
34 g E · 12 g F · 49 g Kh

Den Klippfisch in Stücke teilen und mindestens 24 Stunden wässern, dabei das Wasser öfters wechseln. Zum Garen den Klippfisch erneut in frischem Wasser aufsetzen und etwa 10 Minuten kochen, aber nicht zerfallen lassen.
Die geschälte Zwiebel hacken, die Knoblauchzehe schälen und zerdrücken. Das Gemüse gut waschen und putzen. Den Lauch und die Karotte in dünne Scheiben, den Sellerie in kleine Würfel schneiden.
In einem großen Topf das Öl erhitzen, die Butter hinzufügen und das kleingeschnittene Gemüse darin andünsten. Den Reis zugeben und glasig schwitzen. Die Tomaten kurz in heißes Wasser tauchen, die Haut abziehen und mit dem Tomatenmark zu dem Reis geben. Mit Brühe ablöschen und mit Pfeffer und Safranpulver würzen.
10 Minuten köcheln lassen, dann den Fisch zu dem Reis geben und alles in etwa 8 Minuten fertig garen. Mit Petersilie und Zitronenachteln garniert auf einer vorgewärmten Platte servieren.
Zu diesem Gericht schmeckt ein trockener Weißwein.

Ob Klippfisch oder Stockfisch, beide sind gleich steif und zudem lange haltbar. Beide werden getrocknet, der Stockfisch am Stock, der Klippfisch nach einem längeren Salzbad auf Klippen. In vielen an den Atlantik und ans Mittelmeer angrenzenden Ländern bereitet man mit ihm hervorragende Gerichte. Dieses hier etwas verfeinerte Rezept verdient es, seine Liebhaber zu finden.

Chello
VINHO VERDE

Reis-Omelettes

OMELETTE MIT SCHINKENREIS UND SPARGEL
150 g gekochter Schinken
300 g Spargel (frisch gekocht oder aus der Dose)
½ Bund Petersilie
½ Bund Kerbel, 4 EL Öl
2 Tassen gekochter Langkornreis
Salz, weißer Pfeffer
Worcestershiresauce
8 Eier
frisch geriebene Muskatnuß
80 g Butter

Pro Person etwa
667 kcal/2791 kJ
24 g E · 46 g F · 31 g Kh

REISPFANNKUCHEN
Für etwa 10–12 Stück
160–180 g Zucchini (etwa 1 Zucchino mittlerer Größe)
1 Zwiebel
80 g gekochter Reis
60 g geriebener Emmentaler
2 große Eier
Salz, weißer Pfeffer
1 TL getrockneter Oregano
1 TL getrockneter Thymian
abgeriebene Muskatnuß
Öl zum Braten

Pro Person etwa
208 kcal/870 kJ
10 g E · 13 g F · 12 g Kh

OMELETTE MIT SCHINKENREIS UND SPARGEL (oben)
Den Schinken in Streifen und den Spargel in 2 bis 3 cm lange Stücke schneiden (die Spargelspitzen beiseite legen). Die gewaschenen Kräuter hacken. Das Öl in einer Pfanne erhitzen, Reis, Schinken und Spargelstücke hineingeben und durchschwenken. Mit Salz, Pfeffer und Worcestershiresauce abschmecken. Alles herausnehmen, in eine Schüssel geben, die Kräuter untermischen (etwas Petersilie für die Garnitur zurückbehalten) und warm stellen.
Die Eier verquirlen, mit Salz, Pfeffer und Muskat würzen und in der Butter zu vier Omelettes backen. Die Omelettes mit der Reismischung füllen und mit den zurückbehaltenen Spargelspitzen und etwas Petersilie garniert servieren.
Der Reis kann auch mit anderen Zutaten vermischt werden, zum Beispiel mit Hähnchenfleisch, mit Resten vom Braten oder auch mit Krabben.

REISPFANNKUCHEN (unten)
Zucchino waschen und ungeschält raspeln. Die Zwiebel schälen und fein schneiden. Reis, Zucchino, Zwiebel, Käse und Eier verrühren, mit Salz, Pfeffer, Oregano, Thymian und Muskat gut abschmecken. Öl in einer großen Pfanne erhitzen. Einen gehäuften Eßlöffel von der Reismasse hineingeben, flachdrücken und von beiden Seiten goldgelb braten. So können jeweils vier Reisküchlein gebraten werden.

Reis-Moussaka

Für den Reis:
360 ml Fleisch- oder Gemüsebrühe oder Wasser
Salz
1 Stück unbehandelte Zitronenschale
180 g Mittelkornreis (vorzugsweise Arborio parboiled)

Für den Auflauf:
1 Aubergine, 1 Zucchino
5 Tomaten oder
1 große Dose
2 Zwiebeln
2 Knoblauchzehen
10 EL Öl
500 g Hackfleisch (halb Rind, halb Schwein)
1 EL Tomatenmark
1 Bund glatte Petersilie
gut 1/8 Liter Brühe
Salz, weißer Pfeffer
Zimtpulver, Piment
Oregano, Thymian

Für die Sauce:
40 g Butter
30 g Vollkornmehl
knapp 1/2 Liter Milch
1 Eigelb
100 g frisch geriebener Käse (Emmentaler oder Gruyère)

Fett für die Form
3 EL Paniermehl
30 g Butterflöckchen

Pro Person etwa
1080 kcal/4520 kJ
45 g E · 71 g F · 58 g Kh

Für den Reis: Die Brühe mit Salz und Zitronenschale in einem Topf zum Kochen bringen. Den Reis hineingeben, sprudelnd aufkochen, einmal durchheben und ohne Umrühren zugedeckt in etwa 15 Minuten ausquellen lassen, er sollte noch bißfest sein.
Für den Auflauf: Die Aubergine und den Zucchino waschen, die Stielansätze entfernen, dann in Scheiben schneiden. Die Tomaten mit heißem Wasser überbrühen, häuten und kleinschneiden. Die Zwiebeln schälen und hacken, die Knoblauchzehen schälen und zerdrücken. Das Öl in einer großen Pfanne erhitzen und nacheinander portionsweise die Auberginenscheiben beidseitig goldgelb anbraten, dann die Zucchinischeiben. Herausnehmen und in der gleichen Pfanne die Zwiebeln und den Knoblauch glasig dünsten. Das Hackfleisch dazugeben und gut anbraten. Die Tomaten, das Tomatenmark und die gewaschene, gehackte Petersilie hinzufügen, mit der Brühe ablöschen, die Gewürze dazugeben und 10 Minuten köcheln lassen.
Für die Sauce: Die Butter in einem Topf zerlaufen lassen. Das Mehl einrühren, durchschwitzen und unter Rühren nach und nach die Milch zugeben. Mit dem Eigelb legieren und ein Drittel des geriebenen Käses unterrühren.
In eine ausgefettete Auflaufform zuerst den Reis einfüllen. Darauf die Fleischmischung, dann die Auberginen- und Zucchinischeiben schichten. Mit der hellen Sauce abdecken, mit dem restlichen Käse und dem Paniermehl bestreuen. Butterflöckchen daraufsetzen und für etwa 35 bis 40 Minuten bei 175 °C in den vorgeheizten Backofen stellen. Reis-Moussaka in der Auflaufform servieren.

Der Ursprung der griechischen Küche liegt weit zurück. Schon Homer beschreibt in seinen Epen ausführlich den Ablauf ausgedehnter Gastmähler. Die Gastfreundschaft ist den Griechen heute noch heilig, und ihre Küche hält neben anderen Spezialitäten auch herrliche Aufläufe bereit. Einer davon ist Moussaka. Es gibt ihn in unzähligen Varianten und bei keinem Festessen darf er fehlen.

Reis mit Rindfleisch und Kichererbsen

100 g Kichererbsen
600 g Rindfleisch aus der Hüfte
2–3 Zwiebeln
1 Knoblauchzehe
60 g Butter
frisch gemahlener weißer Pfeffer
2 Messerspitzen Kreuzkümmel
1 Messerspitze Piment
1 Messerspitze Zimt
Salz
etwa ½–¾ Liter Fleischbrühe
250 g Basmati-Reis
½ Bund Zitronenmelisse

Pro Person etwa
824 kcal/3448 kJ
34 g E · 41 g F · 68 g Kh

Die Kichererbsen über Nacht in ¾ Liter Wasser einweichen. Das Fleisch in 2½ bis 3 cm große Stücke schneiden. Die Zwiebeln schälen und würfeln und die abgezogene Knoblauchzehe zerdrücken. Die Butter erhitzen und das Fleisch darin anbraten. Zwiebeln und Knoblauch hinzufügen und alles einige Minuten weiterbraten lassen. Die Kichererbsen samt der Einweichflüssigkeit dazugeben. Mit Pfeffer, Kreuzkümmel, Piment und Zimt würzen. Je nach Größe der Fleischstücke und nach Alter der Kichererbsen zugedeckt etwa 1½ bis 2 Stunden garen lassen. Dann salzen. Die Brühe zufügen und den gewaschenen Reis hineingeben. Nochmals etwa 8 bis 10 Minuten köcheln lassen, bis der Reis gar ist. Vom Herd nehmen und kurz nachgaren lassen. Mit Zitronenmelisseblättchen garniert servieren.

Reis und Kichererbsen bilden die Grundlage für ein typisches Gericht des Vorderen Orients und Nordafrikas. Weiter im Westen übernimmt diese Rolle dann der Couscous. Nach alter Glaubenstradition beginnt jede Mahlzeit mit dem Wort „Bismillah“ – „im Namen Gottes“.

Reis nach Art von Elche

Für 6 Personen

125 g Kichererbsen
2 Zwiebeln, 1 Karotte
1 Stück Sellerieknolle
1 Stange Lauch
2 Knoblauchzehen
1 milde grüne Chilischote
225 g Chorizo (Paprikasalami)
1 Liter Gemüsebrühe
1 Poularde
7 EL Olivenöl
1 große Dose geschälte Tomaten
1–2 EL Tomatenmark
1/4 Liter trockener Weißwein
1 1/8 Liter Hühnerbrühe
2 Zweige frischer Thymian
1/4 TL gemahlener Rosmarin
Salz, schwarzer Pfeffer
2 Messerspitzen Safranpulver
500 g spanischer Rundkornreis (Paellareis, ersatzweise Arborio, Vialone oder Razza)
500 g Schweinefilet
2 Messerspitzen Kreuzkümmel
1 Messerspitze Zimt
10 g Butter für die Form
1/2 Bund glatte Petersilie
5 Eier
2 EL Crème fraîche

Pro Person etwa
1335 kcal/5587 kJ
72 g E · 66 g F · 78 g Kh

Die Kichererbsen über Nacht einweichen. Das Gemüse putzen. Zwiebeln, Karotte und Sellerie in kleine Würfel, den Lauch in Ringe schneiden, die abgezogenen Knoblauchzehen hacken. Die Chilischote aufschneiden, entkernen und zerkleinern. Die Chorizo in kleine Würfel schneiden.
Die Kichererbsen in dem Einweichwasser zum Kochen bringen. Die Gemüsebrühe und den Lauch dazugeben. Nach 30 bis 35 Minuten Kochzeit die vorbereitete Poularde und die Chorizo hinzufügen und weitere 30 bis 35 Minuten kochen lassen, bis die Poularde und die Kichererbsen gar sind.
In einem weiteren Topf 4 Eßlöffel Olivenöl erhitzen und die Zwiebeln darin glasig dünsten. Knoblauch, Karotte, Sellerie und Chilischote zufügen und weitere 3 bis 4 Minuten dünsten. Die zerdrückten Tomaten mit dem Saft und Tomatenmark dazugeben. Mit dem Weißwein und 1 1/8 Liter Hühnerbrühe ablöschen. Die Thymianblättchen von den Stielen zupfen und mit dem Rosmarin, Salz, Pfeffer und Safran hinzufügen. Den Reis hineingeben, einmal durchheben und zugedeckt in etwa 10 Minuten sehr bißfest kochen.
In einer gesonderten Pfanne das restliche Olivenöl erhitzen und das in Würfel geschnittene Schweinefilet darin anbraten. Mit Salz, Kreuzkümmel und Zimt würzen.
Den Backofen auf 220 °C vorheizen. Eine große feuerfeste Form einfetten. Das Fleisch der Poularde von den Knochen lösen und mit Chorizo, Tomatenreis, gehackter Petersilie, Schweinefleisch und Kichererbsen hineingeben. Alles gut vermischen (die restliche Hühnerbrühe anderweitig verwerten). Die Eier mit Crème fraîche verquirlen, mit Salz und Pfeffer würzen und über das Reisgericht gießen. Für etwa 12 bis 15 Minuten in den Backofen stellen, bis sich eine goldgelbe Kruste gebildet hat.

Viele Kulturen haben den spanischen Ort Elche, südlich von Valencia, geprägt. Sein berühmter Palmenhain wurde von den Phöniziern angelegt, im Schatten der Dattelpalmen gedeiht Gemüse aller Art. Die Römer bauten Brücken, den Reis brachten die Mauren mit.

Putengeschnetzeltes mit Naturreis

„Turkey", also Truthahn oder Puter, ist in den Vereinigten Staaten das beliebteste Geflügel, nicht nur aus Gründen der Tradition. Kenner behaupten, daß dieser große Vogel sieben verschiedene Fleischsorten besitzt.

400 g Putenfleisch
2 EL Sojaöl
2 EL Sojasauce
gut 1/8 Liter Geflügelbrühe
150 g tiefgekühlte Erbsen
Salz
frisch gemahlener weißer Pfeffer
1/8 Liter süße Sahne
1/8 Liter Crème fraîche
2 EL Sherry
1 kleine Dose Mais
200 g Langkorn-Naturreis

Pro Person etwa
638 kcal/2670 kJ
23 g E · 36 g F · 49 g Kh

Tip:
Ein bunter Salatteller der Saison paßt gut zu diesem Gericht.

Das Putenfleisch kleinschneiden. Das Sojaöl in einem breiten Topf erhitzen und das Fleisch darin von allen Seiten anbraten. Die Sojasauce hinzufügen und mit der Geflügelbrühe ablöschen. Die Erbsen dazugeben, mit Salz und Pfeffer würzen und dann etwa 15 Minuten köcheln lassen. Mit süßer Sahne, Crème fraîche und Sherry gut abschmecken. Den Mais dazugeben und erhitzen. Knapp 1/2 Liter Wasser zum Kochen bringen, den Reis und etwas Salz hineingeben, einmal durchheben und zugedeckt ohne Umrühren bei geringer Temperatur in etwa 30 bis 45 Minuten, je nach Reissorte, ausquellen lassen. Zu dem Putengeschnetzelten reichen.

Biriyani

Für 6–7 Personen

Für den Reis:
400 g Basmati-Reis
1 grüne Chilischote
3 EL Pflanzenöl
etwa 1 Liter Fleischbrühe
Salz, 30 g Rosinen

Für das Fleisch:
1200 g mageres Lammfleisch
(Keule oder Schulter)
2 Zwiebeln
2 Knoblauchzehen
1 Stück frische Ingwerwurzel (etwa 1–2 cm)
6 EL geklärte Butter
1 TL Macis
½ TL Zimtpulver
1 TL Garam Masala
(indische Würzmischung)
2 Messerspitzen Cayennepfeffer
1 TL Paprikapulver
250 g Naturjoghurt
(3,5% Fett)
200 g saure Sahne
Salz
¼ Liter Brühe
1 TL Safranfäden
⅛ Liter Milch
2 Zweige Minze

Zum Bestreuen:
1 ½ EL Öl
30–40 g Mandeln
30–40 g Cashewnüsse

Pro Person etwa
902 kcal/3775 kJ
31 g E · 53 g F · 54 g Kh

Den Reis mehrfach in kaltem Wasser waschen. Im letzten klaren Wasser etwa 30 Minuten einweichen. Die Chilischote halbieren, entkernen und kleinschneiden. Öl in einem breiten Topf erhitzen, den abgetropften Reis mit der Chilischote hineingeben und einige Minuten andünsten. Mit Brühe ablöschen und salzen. Die Rosinen zugeben, einmal durchheben und alles zugedeckt ohne Umrühren bei geringer Hitze nur etwa 8 bis 10 Minuten köcheln lassen. Der Reis sollte noch Biß haben.
Für das Fleisch: Lammfleisch in 3 bis 4 cm große Würfel schneiden. Die Zwiebeln in Ringe schneiden, die Knoblauchzehen zerdrücken und den Ingwer hacken. 4 Eßlöffel geklärte Butter in einer Pfanne erhitzen und die Zwiebeln darin in etwa 10 Minuten goldgelb braten. Knoblauch und Ingwer dazugeben, weitere 1 bis 2 Minuten braten. Die anderen Gewürze hinzufügen und gut durchrühren. Das Fleisch hineingeben und von allen Seiten anbraten, Joghurt und saure Sahne hinzufügen, salzen und abgedeckt etwa 45 Minuten zugedeckt schmoren lassen.
In einem weiteren Topf die Brühe erhitzen und über die Safranfäden gießen. Diese Brühe bei Bedarf nach und nach zu dem Fleisch gießen. Die Milch erhitzen und die von den Stielen gezupften Minzblätter damit übergießen, stehenlassen.
Mit der restlichen geklärten Butter eine große Kasserolle ausstreichen. Etwa ein Drittel der Reismenge hineinfüllen, dann die Hälfte der eingeweichten Minzblätter mit Milch, anschließend ein Drittel des Lammfleisches. Wieder eine Lage Reis daraufschichten und so fortfahren, bis alles aufgebraucht ist. Mit eventuell noch verbliebener Safranbrühe übergießen und für etwa 20 Minuten in den auf 160 °C vorgeheizten Backofen stellen.
Zum Bestreuen: Das Öl in einer Pfanne erhitzen, Mandeln und Cashewnüsse hineingeben und goldgelb anrösten. Biriyani auf einer großen Platte anrichten. Mandeln und Cashewnüsse darüberstreuen und servieren.

Zu jedem indischen Festmahl gehört dieser köstliche Biriyani-Reiseintopf. Oft wird er mit Blattgold reich verziert und bildet dann den Höhepunkt. Blattgold symbolisiert Reichtum, aber auch Frömmigkeit.

Nasi Goreng

Für das Huhn:
2 Frühlingszwiebeln
1 Zwiebel, 2 Nelken
1 Knoblauchzehe
1 Huhn
1 Zweig glatte Petersilie
1 Zweig Liebstöckel
1 Zweig Thymian
Salz, weißer Pfeffer
2 Messerspitzen abgeriebene Muskatnuß

Für den Reis:
400 g Langkornreis
Salz
2 Zwiebeln
2 Knoblauchzehen
1 rote frische Chilischote
8 EL Öl
2 Messerspitzen Kreuzkümmel
1 TL Sambal Oelek (gemahlene Pfefferschoten)
1–2 Messerspitzen gemahlener Koriander
150 g gekochte und geschälte Garnelen
1½–2 EL Ketjap Asin (indonesische Würzsauce)
2 Eier
2 Zweige Koriandergrün

Nach Belieben:
2 Eier für das Omelette
Kroepoek (Gebäck aus Krabben und Tapiokamehl)
Atjar Tjampoer (in Essig eingelegtes Gemüse)

Pro Person etwa
1219 kcal/5102 kJ
76 g E · 23 g F · 84 g Kh

Für das Huhn: Die Frühlingszwiebeln in Ringe schneiden, die geschälte Zwiebel mit den Nelken spicken und die Knoblauchzehe schälen. 1½ bis 2 Liter Wasser in einem großen Topf erhitzen. In das ausgenommene und gut gewaschene Huhn Petersilie, Liebstöckel, Thymian, Frühlingszwiebeln und Knoblauch hineingeben. Salzen und pfeffern, Muskatnuß hinzufügen. Das Huhn und die gespickte Zwiebel in den Topf geben und etwa 1 Stunde köcheln lassen.
Für den Reis: Gut ¾ Liter Wasser zum Kochen bringen, den Reis und das Salz hineingeben, einmal durchheben und zugedeckt ohne Umrühren bei geringer Temperatur etwa 18 Minuten ausquellen lassen. Die Zwiebeln schälen und hacken, die abgezogenen Knoblauchzehen zerdrücken. Die Chilischote aufschneiden, entkernen und kleinschneiden.
Das Öl in einer großen Pfanne erhitzen. Die Zwiebeln hineingeben und glasig dünsten. Knoblauch, Chilischote, Kreuzkümmel, Sambal Oelek und Koriander hinzufügen. Unter Rühren weiterdünsten. Nun den gegarten Reis und das in Stücke geschnittene Hühnerfleisch, die Garnelen und Ketjap Asin dazugeben. Alles einige Minuten braten lassen. Die Eier verquirlen, salzen, pfeffern und zu dem Reis geben. Stocken lassen, nochmals abschmecken und in eine vorgewärmte Schüssel füllen. Mit Korianderblättchen verzieren. Nach Belieben mit Omelettestreifen garnieren. Sambal Oelek und Ketjap Asin zum persönlichen Nachwürzen bereitstellen. Kroepoek und Atjar Tjampoer dazu reichen.

Essen ist in Südostasien eine Philosophie des Wohlbefindens. Das beginnt schon beim Auswählen der Produkte auf den Märkten, auf denen frisches Gemüse und Obst, Kleinvieh und Meeresfrüchte sowie Gewürze aller Art in reichhaltiger Fülle und Pracht angeboten werden. „Nasi Goreng" ist ein beliebtes und weit verbreitetes Gericht, wohl auch deswegen, weil es sich so einfach zubereiten läßt und doch so köstlich schmeckt. Nach Belieben kann man es mit verschiedenen Beilagen bereichern. Bei einem indonesischen Mahl wird alles zu gleicher Zeit serviert und jeder Gast bedient sich nach eigenem Geschmack.

Reiskroketten mit Tomatensauce

Für die Reiskroketten:
15 g getrocknete Steinpilze
1 Zwiebel
1 Bund glatte Petersilie
100 g beliebiger Vollkornreis
300 g Rinderhackfleisch
2 Eier
1 EL Reismehl
2 EL Paniermehl
Salz
frisch gemahlener schwarzer Pfeffer

Für die Sauce:
1 Zwiebel
2 Knoblauchzehen
1 Karotte
1 Stück Sellerieknolle
1 Bund Basilikum
20 g Butter
1 kleine Dose geschälte Tomaten
1/4 Liter Gemüsebrühe
Salz
frisch gemahlener weißer Pfeffer
1 Messerspitze Cayennepfeffer
10 g Vollkornmehl
15 g Butter für die Mehlbutter

Öl zum Ausbacken

Pro Person etwa
490 kcal/2051 kJ
24 g E · 17 g F · 37 g Kh

Für die Reiskroketten: Die Pilze 30 Minuten in warmem Wasser einweichen. Die Zwiebel würfeln und die Petersilie hacken. Das Einweichwasser der Pilze auf gut 1/2 Liter ergänzen und erhitzen. Den Reis hineingeben, einmal durchheben und ohne Umrühren abgedeckt 35 bis 40 Minuten garen.
Reis, Hackfleisch, Eier, kleingeschnittene Pilze, Zwiebel, Petersilie, Reismehl und Paniermehl vermischen. Mit Salz und Pfeffer würzen und zugedeckt 20 Minuten stehen lassen.
Für die Sauce: Die Zwiebel schälen und kleinschneiden und die abgezogenen Knoblauchzehen zerdrücken. Karotte und Sellerie schälen, putzen und würfeln. Gut die Hälfte des Basilikums grob zerkleinern. Die Butter erhitzen und das Gemüse darin andünsten. Basilikum dazugeben. Die Tomaten mit dem Saft, dann die Gemüsebrühe hinzufügen. 10 bis 15 Minuten köcheln lassen und mit Salz, Pfeffer und Cayennepfeffer würzen. Mit dem Mixstab pürieren. Mehl mit Butter verkneten, in die Sauce geben, würzen und nochmals gut 4 bis 5 Minuten kochen lassen. Erneut abschmecken.
Die Reiskroketten in siedendem Öl schwimmend in etwa 6 bis 8 Minuten ausbacken. Zusammen mit der Tomatensauce servieren. Basilikumblättchen als Garnitur dazulegen.

Für die Reiskroketten können auch Reste verwertet werden. Zusammen mit der Tomatensauce, die man schnell zubereitet hat, ergeben sie ein schmackhaftes, nicht alltägliches Gericht.

Reis auf indische Art
Reisfrikadellen

REIS AUF INDISCHE ART
300 g Lammfleisch (Rücken)
gut 1/4 Liter Erdnußöl
2–3 Frühlingszwiebeln
1 Knoblauchzehe
1/2 TL Korianderkörner
1/4 TL Kardamom
1 TL Fenchelsamen
250 g Duftreis
3/4 Liter Gemüsebrühe
Salz, weißer Pfeffer
1–2 Zweige Koriandergrün

Pro Person etwa
513 kcal/2147 kJ
16 g E · 23 g F · 53 g Kh

REISFRIKADELLEN
Für 8–10 Frikadellen
125 g Klebreis
1/2 Bund glatte Petersilie
2 Frühlingszwiebeln
1 Knoblauchzehe
200 g mageres Rinderhackfleisch
1 Ei, 2 EL Paniermehl
1–2 EL Vollkornmehl
1 EL Bierhefeflocken
Salz, weißer Pfeffer
1/2 TL Curry
1/2 TL Rosenpaprika
1/2 TL Kurkuma
je 1 Messerspitze gemahlener Ingwer, Kardamom, Kreuzkümmel, Chilipulver
Öl zum Braten

Pro Person etwa
310 kcal/1297 kJ
13 g E · 12 g F · 33 g Kh

REIS AUF INDISCHE ART (unten)
Das Lammfleisch in eine Schüssel geben. Mit Öl begießen und über Nacht kühl stellen. Am nächsten Tag das Fleisch in feine Streifen schneiden. Die Frühlingszwiebeln in schmale Ringe schneiden, den Knoblauch abziehen und hacken. Koriander und Kardamom zerdrücken, mit den Fenchelsamen in eine trockene Pfanne geben und leicht anrösten. 4 Eßlöffel Öl in einem Topf erhitzen und das Fleisch 5 bis 8 Minuten darin leicht anbraten. Zwiebelringe und Knoblauch, dann den Reis dazugeben und etwa 2 Minuten durchschwitzen lassen. Die Brühe angießen. Mit den angerösteten Gewürzen, Salz und Pfeffer abschmecken. Bei geringer Hitze zugedeckt etwa 14 bis 18 Minuten köcheln lassen. Mit Korianderblättchen garniert servieren.

REISFRIKADELLEN (oben)
Knapp 1/2 Liter Wasser zum Kochen bringen. Den Reis hineingeben, einmal durchheben und abgedeckt ohne weiteres Rühren bei niedriger Temperatur etwa 15 bis 18 Minuten köcheln lassen.
Petersilie hacken, Frühlingszwiebeln in schmale Ringe schneiden, Knoblauchzehe schälen und zerdrücken. Den abgekühlten Reis mit Fleisch, Ei, Paniermehl, Petersilie, Frühlingszwiebeln, Knoblauch, Vollkornmehl und den Bierhefeflocken vermischen. Mit Salz, Pfeffer, Curry, Rosenpaprika, Kurkuma, Ingwer, Kardamom, Kreuzkümmel und Chilipulver würzen. Frikadellen formen. Öl in einer Pfanne erhitzen und die Frikadellen bei mittlerer Hitze auf beiden Seiten goldgelb braten, je Seite etwa 8 bis 10 Minuten.

Hähnchenbrustfilet mit Ingwerkarotten

10 g getrocknete Tongu-Pilze
450 g Hähnchenbrustfilet (etwa 3 Stück)
Salz
frisch gemahlener weißer Pfeffer
3 EL Pilz-Sojasauce (Mushroom Soy)
250 g Karotten
1 Stück frischer Ingwer (etwa 1,5 cm)
5 Frühlingszwiebeln
350 g Parboiled Langkornreis
3 EL Sojaöl
½ Bund Koriandergrün

Pro Person etwa
538 kcal/2252 kJ
27 g E · 10 g F · 78 g Kh

Die Pilze 30 Minuten in warmem Wasser einweichen. Das Hähnchenbrustfilet in feine Streifen schneiden. Salzen, pfeffern und etwa ½ Stunde in der Pilz-Sojasauce marinieren. Die Karotten der Länge nach in Scheiben, diese dann in Streifen von etwa 5 cm Länge schneiden. Ingwer schälen und fein hacken. Frühlingszwiebeln waschen, putzen und längs in etwa 5 bis 6 cm lange Streifen schneiden. Knapp 1 Liter Wasser erhitzen. Salz und Reis hineingeben, einmal durchrühren und abgedeckt bei geringer Hitze in etwa 18 Minuten bißfest ausquellen lassen.
Inzwischen das Öl im Wok oder in einer Pfanne erhitzen. Die Karotten und den Ingwer anbraten, salzen, pfeffern. Frühlingszwiebeln und Tongu-Pilze zugeben. Etwa 3 bis 4 Minuten unter ständigem Rühren braten. Hähnchenbrust zufügen und weitere 4 bis 5 Minuten braten. Etwas von dem Einweichwasser der Pilze dazugeben. Mit Korianderblättchen bestreuen und mit dem Reis servieren.

Frühlingszwiebeln und Ingwerwurzeln sind die wichtigsten Zutaten der ostasiatischen Küche. Sollte frischer Ingwer gerade nicht zur Verfügung stehen, kann man für dieses Gericht auch Ingwerpulver verwenden. In diesem Fall genügt es, für jeden Eßlöffel feingehackten frischen Ingwer nur einen Teelöffel Ingwerpulver zu nehmen.

Rotbarsch-Reis-Auflauf

1 Zwiebel
1 EL Olivenöl
1 EL Butter
200 g Parboiled Langkornreis
1½–2 EL Tomatenmark
Salz
frisch gemahlener weißer Pfeffer
500 g Rotbarschfilet
2 TL Zitronensaft
1 Bund Schnittknoblauch
2–3 Zweige Basilikum
60 g Ricotta
2 EL Crème fraîche
5 EL süße Sahne
4 EL milder Naturjoghurt
Butter für die Form

Pro Person etwa
537 kcal/2247 kJ
33 g E · 25 g F · 43 g Kh

Die Zwiebel abziehen und fein würfeln. Das Öl in einem Topf erhitzen, die Butter zugeben und die Zwiebel darin 2 bis 3 Minuten dünsten. Den Reis hinzufügen und glasig schwitzen. Das Tomatenmark dazugeben und mit ½ Liter Wasser auffüllen. Salzen und pfeffern, einmal durchrühren und den Deckel auflegen. Ohne Umrühren bei niedriger Temperatur den Reis in etwa 15 Minuten sehr bißfest kochen.
Den Fisch säubern, mit Zitronensaft beträufeln und salzen. Schnittknoblauch kleinschneiden und Basilikum in feine Streifen schneiden (einige Basilikumblättchen für die Garnitur zurückbehalten). Ricotta, Crème fraîche, süße Sahne und Joghurt verrühren. Mit Salz und Pfeffer würzen.
Eine feuerfeste Form mit Butter ausstreichen. Schnittknoblauch und Basilikum unter den Reis mischen und diesen in die Auflaufform füllen. Rotbarschfilet daraufschichten. Mit der Ricotta-Creme abdecken und für etwa 20 bis 25 Minuten in den auf 170 bis 180 °C vorgeheizten Backofen stellen. Mit Basilikumblättchen garniert servieren.

Hier ein Frischetest für den Einkauf von Fisch: Fisch sollte nach Jod und Meer duften und nicht nach Fisch riechen. Seine Augen sollten klar und voll sein. Die Kiemen sollten noch die natürliche rosé bis rote Farbe haben und nicht blaßgrau oder verschleimt sein. Die Haut muß glänzen und sich fest, trocken und nicht schleimig anfühlen. Wenn man mit dem Finger auf das Fleisch drückt, darf keine Druckstelle zurückbleiben.

PETTI
BRAND

Karibischer Reis

1 Zwiebel
2 Knoblauchzehen
2 Frühlingszwiebeln
1 rote Chilischote
300 g Garnelen
300 g Geflügelfleisch
1 Mango
1 kleine frische Ananas
6 EL Öl
Salz
frisch gemahlener
weißer Pfeffer
1 Messerspitze
Cayennepfeffer
400 g Langkornreis
etwa 1 Liter Geflügelbrühe
50 g geröstete Cashewnüsse

Pro Person etwa
797 kcal/3335 kJ
38 g E · 28 g F · 92 g Kh

Die Zwiebel schälen und fein schneiden und die Knoblauchzehen abziehen und zerdrücken. Die Frühlingszwiebeln in schmale Ringe schneiden. Die Chilischote aufschneiden, entkernen und in Stücke schneiden. Die Garnelen säubern und vom Darm befreien, das Geflügelfleisch in feine Streifen schneiden. Die Mango schälen, Stein herauslösen, die Ananas schälen, beides in kleine Würfel schneiden.
Die Hälfte des Öls in einem breiten Topf erhitzen. Die Zwiebel darin andünsten und die Chilischote 1 weitere Minute mitdünsten lassen. Das Fleisch hinzufügen und kurz weiterbraten. Mit Salz, Pfeffer und Cayennepfeffer würzen. Knoblauch und Reis dazugeben und den Reis glasig schwitzen. Die Geflügelbrühe angießen, einmal gut durchrühren und zugedeckt bei geringer Hitze etwa 18 Minuten garen lassen.
Inzwischen das restliche Öl erhitzen und die Garnelen mit den Frühlingszwiebeln etwa 3 Minuten darin anbraten. Zu dem Reis geben, die Mango- und die Ananasstücke hinzufügen und abschmecken. Mit Cashewnüssen bestreut servieren.

Die karibische Küche wird von den verschiedensten Einflüssen belebt. Unschwer lassen sich französische, spanische und afrikanische Elemente darin entdecken. Das ist es, was sie so schillernd-bunt, zugleich fruchtig und doch wieder scharf und würzig macht. Sie müssen zu dieser Reisspeise nicht unbedingt einen Rum reichen. Longdrinks mit Früchten wie Ananas, Mango oder Kokosnuß sind beliebte und erfrischende Getränke, die zu diesem Gericht passen.

Fisch mit Reis

FORELLENFILETS MIT KRÄUTERREIS
250 g Langkornreis
Salz
½ Bund Petersilie
½ Bund Schnittlauch
2 Bund Dill
60 g Kräuterbutter
1 unbehandelte Zitrone
8 geräucherte Forellenfilets

Pro Person etwa
502 kcal/2101 kJ
35 g E · 16 g F · 50 g Kh

FISCHFILET MIT REIS
2 Frühlingszwiebeln
1 Stange Lauch
1 Knoblauchzehe
1 Karotte
600 g Fischfilet (Kabeljau, Rotbarsch oder Schellfisch)
Saft von ½ Zitrone
Salz
4 EL Öl
1 EL Butter
¼ Liter Gemüsebrühe
frisch gemahlener weißer Pfeffer
Kurkuma
200 g gekochter Langkornreis
½ Bund Dill

Pro Person etwa
468 kcal/1959 kJ
33 g E · 15 g F · 45 g Kh

FORELLENFILETS MIT KRÄUTERREIS (unten)
Einen halben Liter Wasser in einem Topf zum Kochen bringen. Den Reis und etwas Salz hineingeben, einmal durchheben und zugedeckt bei geringer Hitze ohne Umrühren in etwa 16 Minuten ausquellen lassen. Die gewaschenen Kräuter hacken. Petersilie und Schnittlauch zusammen mit der Kräuterbutter unter den Reis rühren. Die eine Hälfte der Zitrone in dünne Scheiben schneiden, die andere Hälfte auspressen. Die Forellenfilets mit dem Saft beträufeln und mit dem gehackten Dill bestreuen. Mit Zitronenscheiben garnieren und mit dem Reis servieren.

FISCHFILET MIT REIS (oben)
Die Frühlingszwiebeln und den Lauch waschen und in Ringe schneiden. Die Knoblauchzehe schälen und zerdrücken. Die geputzte Karotte in feine Scheiben schneiden. Das Fischfilet säubern, portionieren, mit Zitronensaft beträufeln und salzen. Das Öl in einer tiefen Pfanne erhitzen und die Butter hinzufügen. Das Gemüse darin etwa 10 Minuten dünsten. Knoblauch und anschließend den Fisch hinzufügen. Die Brühe angießen, mit Salz, Pfeffer und Kurkuma würzen und zugedeckt 12 bis 15 Minuten dünsten, bis das Fischfilet gar, aber nicht zerfallen ist. Den Reis vorsichtig unterrühren und kurz erhitzen. Vor dem Servieren mit gehacktem Dill bestreuen.

Kalbsnieren nach Art von Jerez

2 kleine Kalbsnieren (je 300–350 g)
1 Zwiebel
1 Frühlingszwiebel
1 kleine grüne milde Chilischote
1 Knoblauchzehe
3 EL Olivenöl
35 g Butter
3 EL Paniermehl
¼ Liter Gemüsebrühe
gut ⅛ Liter trockener Sherry
Salz, weißer Pfeffer
1 Lorbeerblatt
125 g kleine grüne Trauben (oder größere Trauben halbieren und entkernen)
200 g Langkornreis

Pro Person etwa
581 kcal/2431 kJ
28 g E · 26 g F · 52 g Kh

Die Nieren häuten und der Länge nach halbieren. Säubern und das Fett entfernen, gut wässern, trockentupfen und in Scheiben schneiden. Die Zwiebel fein würfeln und die Frühlingszwiebel in schmale Ringe schneiden. Die Chilischote aufschneiden, entkernen und kleinschneiden. Die Knoblauchzehe hacken.
Das Olivenöl erhitzen und die Nieren darin kurz anbraten, dabei öfters wenden. Anschließend beiseite stellen.
In einem weiteren Topf die Butter erhitzen. Zwiebel, Frühlingszwiebel und Chilischote darin andünsten. Knoblauch und Paniermehl dazugeben, durchdünsten und unter Rühren die Gemüsebrühe und den Sherry hinzufügen. Salzen, pfeffern und das Lorbeerblatt hineingeben. Etwa 5 bis 7 Minuten köcheln lassen. In den letzten 2 Minuten die Trauben und die Nieren zugeben.
½ Liter Wasser zum Kochen bringen, den Reis und etwas Salz hineingeben. Einmal durchheben und zugedeckt ohne Umrühren bei geringer Temperatur in 18 Minuten ausquellen lassen. Die Nieren nochmals kurz aufkochen und mit dem Reis servieren.

Andalusien und die sehr südlich gelegene Stadt Jerez ist weltweit berühmt nicht nur wegen der Rassepferde oder des traditionsreichen Flamencos, sondern auch wegen seiner hervorragenden Weine. Je nach Verfahren präsentieren sich die Jerez-Weine, von den Engländern „Sherry“ getauft, in drei Grundtypen, von trocken bis süß. Der „Fino“ ist von heller Farbe, sehr alter Fino trägt den Namen „Amontillado“. Der „Oloroso“ ist bernsteinfarben und verströmt einen besonderen Duft, der „Dulce“ dagegen ist dunkel, etwas dickflüssiger und süß.

Süsse Reisgerichte und Desserts

Reisplätzchen

Frische Früchte der Saison schmecken gut zu diesem Dessert. So zum Beispiel Erdbeeren mit einem Schuß Grand Marnier oder mit halbsteif geschlagener Sahne mit Pistazienkernen, Himbeeren, aromatisiert mit Himbeergeist, oder auch Kirschen. Rhabarberkompott ist ebenfalls eine gelungene Ergänzung. Zur kalten Jahreszeit darf es dann wieder alkoholischer werden – mit Früchten aus dem Rumtopf.

½ Vanilleschote
200 ml Milch
100 g Rundkornreis (Milchreis)
3 Eier
1½ EL Zucker
1 Prise Salz
½ TL Zimtpulver
abgeriebene Schale von ½ unbehandelten Zitrone
abgeriebene Schale von ½ unbehandelten Orange
¼ TL Ingwerpulver
4 EL Vollkornmehl
Butter zum Braten

Zum Servieren:
nach Belieben Kompott oder frische Früchte

Pro Person etwa
261 kcal/1092 kJ
10 g E · 3 g F · 38 g Kh

Die Vanilleschote der Länge nach aufschneiden, ausschaben und das Mark mit der Milch in einem Topf zum Kochen bringen. Den Reis hineingeben, aufkochen, einmal durchheben und zugedeckt ohne weiteres Umrühren in etwa 20 Minuten ausquellen lassen. Die Eier trennen. Eigelb und Zucker schaumig rühren. Salz, Zimt, Zitronen- und Orangenschale, Ingwerpulver und das Vollkornmehl unterrühren, zum Schluß den steif geschlagenen Eischnee unterziehen. Mit dem abgekühlten Reis vermischen. Die Butter erhitzen, aus der Reismasse Plätzchen formen und beidseitig goldgelb backen. Nach Belieben Kompott oder frische Früchte dazureichen.

Reis in Kokoscreme mit Früchten

800 ml Kokoscreme
(2 kleine Dosen)
200 g Rundkornreis
(Milchreis)
60 g Zucker
2 Mangos
400 g Erdbeeren oder
andere Früchte

Pro Person etwa
1040 kcal/4352 kJ
9 g E · 75 g F · 84 g Kh

Die Kokoscreme erhitzen. Den Reis hineingeben, einmal durchheben und 20 Minuten zugedeckt köcheln lassen. Zucker unterrühren. Die Mangos schälen, den Stein herauslösen und das Fruchtfleisch in Scheiben schneiden. Die Stielansätze von den Erdbeeren entfernen und die Früchte halbieren. Den Reis zusammen mit den frischen Früchten anrichten.

In vielen Küchen Südostasiens spielt die Kokosnuß eine wichtige Rolle. Will man selbst Kokosmilch herstellen, benötigt man dazu frische reife Nüsse. Ihre Reife erkennt man beim Schütteln, wenn man das Plätschern des Wassers deutlich hört. Um an das erfrischende Wasser zu kommen, bohrt man in zwei der drei Augen der Nuß ein Loch. Nachdem das Wassers aufgefangen wurde, kann man die Schale ringsum aufsägen. Die äußere Schale läßt sich nun leicht abbrechen und die faserige braune Haut mit einem Kartoffelschälmesser abschälen. Kurz unter fließendem Wasser abgespült, wird das weiße Fruchtfleisch in eine Schüssel mit dem Kokoswasser fein gerieben. Man gießt etwa die halbe Menge an heißer Milch oder heißem Wasser darüber und läßt alles zwei bis drei Stunden ziehen. Dann passiert man die Masse portionsweise durch ein feines Küchentuch. Je weniger Milch oder Wasser zugesetzt wird, um so cremiger und aromatischer ist die Kokosmilch.

Orangenreis mit Baiser
Zwetschgenmilchreis

ORANGENREIS MIT BAISER
¾ Liter Milch, Salz
½ Vanilleschote
250 g Rundkornreis (Milchreis)
4 Orangen oder
8 Mandarinen
3 Eier
125 g Marzipanrohmasse
75 g Puderzucker
2 EL Orangensaft
½ TL abgeriebene Schale einer unbehandelten Orange
oder 1–2 Messerspitzen Orangenschalenpulver
1 EL Butter für die Form

Pro Person etwa
320 kcal/1339 kJ
10 g E · 8 g F · 49 g Kh

ZWETSCHGEN-MILCHREIS
500 g Zwetschgen
½ Liter Milch
120 g Rundkornreis (Milchreis)
60 g Zucker
1 Messerspitze Anis
2 Messerspitzen echtes Vanillepulver
2 Messerspitzen süßes Orangenschalenpulver
Nach Belieben:
süße Sahne

Pro Person etwa
285 kcal/1193 kJ
8 g E · 2 g F · 62 g Kh

ORANGENREIS MIT BAISER
(oben)
Die angegebenen Zutaten sind für vier Personen, wenn sie den Orangenreis als Hauptgericht servieren. Wenn Sie ihn als Dessert zubereiten möchten, reichen die Zutaten für 8 Personen. Die Nährwertangaben beziehen sich auf das Dessert.
Die Milch mit Salz und der aufgeschnittenen und ausgeschabten Vanilleschote aufkochen. Den Reis hineingeben, einmal durchheben und abgedeckt ohne weiteres Umrühren bei geringer Hitze etwa 20 Minuten garen lassen. Anschließend die Schote entfernen.
Die Orangen gut schälen, die weiße Haut ebenfalls entfernen. Die Orangenschnitze aus den Trennwänden schneiden, dabei den Orangensaft auffangen. Die Eier trennen, Eiweiß kühl stellen. Die Eigelbe mit der weichen Marzipanrohmasse, 65 g Puderzucker, mit Orangensaft und Orangenschale verrühren. Anschließend mit dem Reis vermischen.
Eine schöne feuerfeste Auflaufform, in der das Gratin auch aufgetragen werden kann, mit Butter ausstreichen. Den Reis abwechselnd mit den Orangenschnitzen in die Form geben. Das gut gekühlte Eiweiß mit einer Messerspitze Salz und dem restlichen Puderzucker steif schlagen und in einem hübschen Muster auf den Reis spritzen. Im vorgeheizten Backofen bei 210 bis 220 °C etwa 5 bis 6 Minuten überbacken, die Baiserhaube sollte eine goldgelbe Farbe haben. Je nach Jahreszeit den Orangenreis kalt oder warm servieren.

ZWETSCHGENMILCHREIS
(unten)
Die Zwetschgen waschen, entsteinen und halbieren. Die Milch erhitzen, den Reis hineinstreuen, durchheben und ohne weiteres Rühren 15 Minuten köcheln lassen. Die Zwetschgen und Zucker zufügen, mit Anis, Vanille und Orangenschalenpulver gut abschmecken. Weitere 8 bis 10 Minuten köcheln lassen, bis der Reis gar ist, aber noch Biß hat. Nach Belieben mit halbsteif geschlagener Sahne servieren.

Holunderbeerreis

Holundersträuche wachsen in unseren Breitengraden fast überall, und jeder kann sich im Frühling die herrlich duftenden Blüten ins Haus holen. Im Spätsommer erfreut uns der Strauch mit schmackhaften Früchten, die zu Saft, Gelee oder Likör verarbeitet werden können. Nur sollte man beim Pflücken darauf achten, daß die Sträucher nicht gerade an einer stark befahrenen Straße wachsen.

Für 4–6 Personen

6 Blatt weiße Gelatine
450 ml Milch
1 Sternanis
1 Zimtstange
1 Vanilleschote
200 g Rundkornreis (Milchreis)
30 g Zucker
1/8 Liter süße Sahne
5–6 EL Holunderbeergelee
Butter für die Förmchen

Zum Servieren:
1/4 Liter Crème fraîche oder süße Sahne

Pro Person etwa
298 kcal/1247 kJ
6 g E · 12 g F · 37 g Kh

Die Gelatine in etwas Wasser einweichen. Die Milch mit Sternanis, Zimtstange und der aufgeschnittenen und ausgeschabten Vanilleschote zum Kochen bringen. Den Reis hineingeben, einmal durchheben und zugedeckt etwa 20 Minuten ausquellen lassen. Dann den Zucker einrühren und den Reis vom Herd nehmen. Gewürze entfernen. Die Gelatine ausdrücken und zu dem Reis geben, nicht mehr erhitzen. Die geschlagene Sahne und dann den Holunderbeergelee unterziehen. Die Reismasse in eingefettete Becherförmchen füllen, kalt stellen und stürzen. Den Reis mit Crème fraîche oder Schlagsahne auftragen.

Früchtereis mit Schokoladen-Sauce

Für 4–6 Personen

Für den Reis:
½ Liter Milch
20 g Butter
200 g Rundkornreis (Milchreis)
8 Blatt weiße Gelatine
2–3 Nektarinen (je nach Größe)
6 Aprikosen
100 g Gelierzucker
Saft von 1 Zitrone
3 EL Pfirsichlikör oder Pfirsichsirup
¼ Liter süße Sahne

Für die Sauce:
100 g halbbittere Kochschokolade
400 ml Milch
1 TL Zimtpulver
10 g Speisestärke

Pro Person etwa
510 kcal/2134 kJ
14 g E · 16 g F · 67 g Kh

Für den Reis: Die Milch mit der Butter erhitzen. Den Reis hineingeben, einmal durchheben und zugedeckt ohne Umrühren bei geringer Hitze je nach Sorte etwa 20 bis 23 Minuten kochen lassen. Die Gelatine in kaltem Wasser einweichen.
Inzwischen die Nektarinen und die Aprikosen waschen, kleinschneiden und mit dem Gelierzucker 4 Minuten kochen lassen. Mit Zitronensaft und dem Pfirsichlikör abschmecken.
Den Milchreis vom Herd nehmen. Nach 1 bis 2 Minuten die ausgedrückte Gelatine dazugeben und verrühren. Die Fruchtmasse hinzufügen und alles etwas erkalten lassen. Anschließend die süße Sahne steif schlagen, unterziehen und den Reis in eine kalt ausgespülte Puddingform oder Schüssel füllen. Im Kühlschrank fest werden lassen und stürzen.
Für die Sauce: Die Schokolade zerbröckeln, in die Milch geben (etwas Milch zum Anrühren der Speisestärke zurückbehalten), Zimt zufügen und erhitzen. Die restliche Milch mit der Speisestärke verrühren, dann in die kochende Milch geben und nochmals aufkochen lassen.
Den gestürzten Früchtereis mit der Schokoladensauce servieren.

Ein Kindertraum geht hier in Erfüllung. War süßer Reis früher als Nachspeise häufig fester Bestandteil einer Sonntagsmahlzeit, so ist er heute eher in Vergessenheit geraten. Eigentlich hat er das nicht verdient, läßt sich Milchreis doch mit verschiedenen Zutaten immer wieder schmackhaft variieren. Für Kinder sollte man den Früchtereis aber nicht mit Likör, sondern mit Fruchtsirup zubereiten.

Reis-Orangen-Auflauf
Reis-Aprikosen-Tarte

REIS-ORANGEN-AUFLAUF
400 ml Milch
abgeriebene Schale von
1 unbehandelten Orange
1 Gewürznelke
1 Prise Salz
50 g Zucker
200 g Rundkornreis
(Milchreis)
Saft von 3 Orangen
2 EL Grand Marnier
(Orangenlikör)
5 Eier
Fett für die Form
Zimtpulver
Zucker
Nach Belieben:
Orangenspalten

Pro Person etwa
424 kcal/1774 kJ
17 g E · 11 g F · 62 g Kh

REIS-APRIKOSEN-TARTE
1 Vanilleschote
1 Liter Milch
90 g Zucker
3 EL gemahlener Mohn
200 g Rundkornreis
(Milchreis)
3 Eier
3 EL Crème fraîche
3 EL süße Sahne
1 große Dose Aprikosen
(850 g)
Butter für die Form

Pro Person etwa
626 kcal/2620 kJ
21 g E · 18 g F · 99 g Kh

REIS-ORANGEN-AUFLAUF (oben)
Die Milch mit der Orangenschale, Gewürznelke, Salz und Zucker in einem Topf zum Kochen bringen. Den Reis dazugeben, einmal gut aufkochen, durchheben und im geschlossenen Topf bei geringer Hitze ohne Umrühren etwa 20 Minuten ausquellen lassen, so daß er noch Biß hat.
Den Orangensaft und den Orangenlikör unter den abgekühlten Reis rühren. Die Eier trennen und das Eigelb ebenfalls unterrühren. Das Eiweiß zu Schnee schlagen, unterziehen und die Masse in eine gefettete Auflaufform geben. Den Auflauf im vorgeheizten Backofen bei 180 °C etwa 20 bis 25 Minuten backen und mit Zimtzucker bestreut servieren.
Nach Belieben den Auflauf mit Orangenspalten garnieren.

REIS-APRIKOSEN-TARTE (unten)
Die Vanilleschote aufschneiden, auskratzen, das Mark und die Schote in die Milch geben, zum Kochen bringen. Zucker, Mohn und den Reis hinzufügen. Einmal durchheben und zugedeckt etwa 35 bis 40 Minuten bei niedriger Temperatur ausquellen lassen.
Eier, Crème fraîche und süße Sahne verrühren. Die Aprikosen über einem Sieb abtropfen lassen (nach Wunsch den Saft auffangen). Die Vanilleschote entfernen. Eine feuerfeste Tarteform mit Butter einfetten und den Reis in die Form geben. Die Aprikosen darauf verteilen und mit der Eiercreme abdecken. In den vorgeheizten Backofen stellen und die Tarte bei 180 bis 190 °C etwa 22 bis 27 Minuten backen.
Nach Belieben den Saft der Aprikosen etwas einkochen lassen und dazureichen.

Zwei Reistorten

Für 8 Personen

Für den Reis:
400 ml Milch
180 g Rundkornreis (Milchreis)
50 g Zucker

Für die Torten:
1 unbehandelte Zitrone
¼ Liter Milch
3 Eigelb
3 EL Puderzucker
1 EL Mehl
1 EL Stärkepulver
2 TL Vanille

Für die 2. Torte zusätzlich:
350 g Rhabarber
35–50 g Zucker (nach Geschmack)
1½ TL Agar-Agar
30–40 g Marzipan

200 g vorbereitete gemischte Beerenfrüchte wie Himbeeren, Preiselbeeren, Heidelbeeren und Brombeeren (eventuell Tiefkühlprodukt)
1 Packung roter Tortenguß

Pro Person etwa
238 kcal/996 kJ
6 g E · 3 g F · 46 g Kh

Tip:
Agar-Agar wird erst nach dem Erkalten fest.

Für den Reis: Die Milch aufkochen, den Reis hineingeben, einmal durchheben und abgedeckt etwa 20 bis 25 Minuten bei geringer Hitze quellen lassen. Den Zucker unterrühren.
Für die Torten: Die Zitronenschale abreiben. Die Milch, die Eigelbe mit Puderzucker, Mehl, Stärkepulver, Vanille und Zitronenschale in einen Topf geben und unter ständigem Rühren bis kurz vor dem Siedepunkt erhitzen. Vom Herd nehmen und weiterrühren. Die Creme unter den gekochten Reis ziehen und die Masse halbieren.
2 Springformen von 18 cm Durchmesser mit Pergamentpapier auskleiden (dafür den Boden und den Rand maßgerecht ausschneiden). In eine der Formen die Hälfte von der Reiscreme füllen und bei 180 bis 200°C etwa 20 Minuten backen.
Für die zweite Torte zusätzlich: Den Rhabarber waschen, putzen, wenn nötig abziehen, und die Stangen in 3 bis 4 cm große Stücke schneiden. Mit 5 Eßlöffel Wasser und mit Zucker bei geringer Hitze so lange kochen, bis der Rhabarber zerfällt (etwa 12 Minuten). Agar-Agar mit 3 bis 4 Eßlöffel Wasser verrühren, zum Rhabarber geben und weitere 2 Minuten kochen. Etwas abkühlen lassen und unter die andere Hälfte der Reiscreme ziehen. In die zweite vorbereitete Form geben. Marzipan ausrollen. Mit einem Ausstecher in Herz-, Kleeblatt- oder Sternform Motive ausstechen und damit die Reistorte verzieren.
Den ersten Reiskuchen aus dem Backofen nehmen, etwas abkühlen lassen, dann mit Beerenfrüchten belegen. Beide Reiskuchen mit nach Vorschrift des Herstellers angerührtem Tortenguß bedecken, so daß die Marzipanfiguren und die Früchte durch den klaren Guß leuchten.

Reiskaltschale mit Cantalup-Melone

1 Stück Schale von einer unbehandelten Zitrone
80 g Arborio-Reis (Mittelkornreis)
Salz
800–900 g Cantalup-Melone
3–4 EL Crème fraîche
4 EL süße Sahne
weißer Pfeffer
1 Messerspitze abgeriebene Muskatnuß
1–2 Zweige Minze

Pro Person etwa
269 kcal/1126 kJ
3 g E · 9 g F · 41 g Kh

300 ml Wasser mit der Zitronenschale zum Kochen bringen. Den Reis einstreuen, Salz dazugeben, einmal durchheben, abdecken und ohne Umrühren in etwa 18 Minuten bißfest ausquellen lassen. Die Melone halbieren, von den Kernen befreien, das Fruchtfleisch herauslösen und pürieren. Crème fraîche und süße Sahne dazugeben. Mit Salz, Pfeffer und Muskatnuß würzen. Mit dem abgekühlten Reis vermischen und kalt stellen. Anschließend mit Minzblättchen garniert servieren. Im Sommer ist diese Kaltschale eine herrliche Erfrischung.

Melonen sind nicht nur aromatische Durstlöscher. Bei dieser Kaltschale überzeugt der feine, süße Geschmack der Cantalup-Melone. Diese Melonensorte wurde erstmals im italienischen Cantalupo bei Rom gezüchtet. Zum vollen Genuß wird sie aber erst im reifen Zustand, der sich durch eine Riechprobe schnell feststellen läßt. Ein Druck mit dem Daumen am Stielansatz zeigt ebenfalls die Reife an.

Quittenreis
Reiskuchen

QUITTENREIS
1 kg Quitten
knapp ¾ Liter Wein
120–135 g Farinzucker (nach Geschmack und Süße der Früchte)
200 g Rundkornreis (Milchreis)
25–30 g Pistazienkerne

Pro Person etwa
620 kcal/2595 kJ
6 g E · 5 g F · 103 g Kh

REISKUCHEN
375 ml Milch
1 Stück Schale von einer unbehandelten Zitrone
½ Vanilleschote
150 g Rundkornreis (Milchreis)
280 g rote Johannisbeeren
etwa 65 g brauner Zucker
80 g gemahlene Mandeln
180 g Quark (Magerstufe oder mit 20% Fett)
3 Eier
15 g Butter für die Form

Pro Person etwa
516 kcal/2159 kJ
21 g E · 20 g F · 61 g Kh

QUITTENREIS (oben)
Die Quitten waschen, schälen, das Kerngehäuse entfernen und die Früchte in kleine Stücke schneiden. In ½ Liter Wasser und ½ Liter Wein fast weich kochen, je nach Sorte und Reifegrad etwa 45 Minuten, und pürieren. Dann ¼ Liter Wasser, ⅛ Liter Wein und Farinzucker dazugeben. Erhitzen und den Reis einstreuen. Unter häufigem Rühren nochmals etwa 20 bis 24 Minuten köcheln lassen, bis der Reis gar ist. Eventuell etwas Wasser oder/und Wein nachgießen. Mit gehackten Pistazien bestreut servieren.

REISKUCHEN (unten)
Die Milch mit der Zitronenschale und der aufgeschnittenen und ausgeschabten Vanilleschote erhitzen. Den Reis hineingeben, einmal durchheben und ohne weiteres Umrühren abgedeckt etwa 20 bis 25 Minuten kochen lassen. Anschließend die Schote entfernen.
Inzwischen die Johannisbeeren von den Rispen zupfen. Den Zucker zu dem Reis geben. Etwas abkühlen lassen und die Mandeln, Quark und Eier unter den Reis rühren. Zum Schluß die Johannisbeeren dazugeben. Nach Geschmack und Säure der Früchte eventuell noch etwas Zucker hinzufügen.
Eine feuerfeste Keramikkuchenform von etwa 30 cm Durchmesser sehr gut mit Butter einfetten. Die Masse einfüllen und im vorgeheizten Backofen bei 180 °C etwa 35 Minuten backen.

Triple
Orange

Reis Trauttmansdorff

1 Vanilleschote
½ Liter Milch
20 g Butter
1 Prise Salz
50 g Zucker
1 Stück Schale von einer unbehandelten Zitrone
150 g Rundkornreis (Milchreis)
4 Blatt weiße Gelatine
120 g Aprikosen (Dose)
120 g Kaiserkirschen (Dose)
120 g Ananas (Dose)
5–6 EL Maraschino (Likör)
¼ Liter süße Sahne

Für das Fruchtpüree:
frische Erdbeeren
oder frische Himbeeren
etwas Sekt
Puderzucker

Pro Person etwa
517 kcal/2164 kJ
9 g E · 23 g F · 60 g Kh

Die Vanilleschote der Länge nach aufschneiden, ausschaben und in die Milch geben. Butter, Salz, Zucker und Zitronenschale hinzufügen und die Milch zum Kochen bringen. Den Reis hineingeben, einmal durchheben und ohne Umrühren etwa 25 Minuten ausquellen lassen.
Die Gelatine in kaltem Wasser einweichen. Die Früchte (Kirschen eventuell entsteinen) kleinschneiden und mit Maraschino beträufeln. Den Reis vom Herd nehmen. Vanilleschote und Zitronenschale entfernen. Die Gelatine ausdrücken und in den heißen, aber auf keinen Fall mehr kochenden Reis geben. Rühren, bis sie sich aufgelöst hat. Den Reis abkühlen lassen.
Die Sahne steif schlagen und mit den Früchten unter den Reis ziehen. Eine Puddingform mit kaltem Wasser ausspülen und den Reis einfüllen. Kühl stellen, bis der Reis fest wird. Anschließend kurz in heißes Wasser tauchen und stürzen.
Für das Fruchtpüree: Nach Belieben frische Erdbeeren pürieren oder frische Himbeeren durch ein Sieb streichen. Etwas Sekt und Puderzucker dazugeben.
Den Reis mit dem Fruchtpüree servieren.

Graf Trauttmansdorff stammte aus einem alten österreichischen Adelsgeschlecht und war ein bekannter Staatsmann des vorigen Jahrhunderts. Ein berühmter Vorfahre sammelte im 17. Jahrhundert politischen Ruhm, er hingegen verlieh diesem bekannten und leckeren Dessert seinen Namen.

Die Rezepte nach Gruppen

Soweit in den Rezepten nichts anderes vermerkt ist, sind die Zutaten für vier Personen berechnet.

Die Rezepte alphabetisch

Bildquellen

Bavaria: Eckebrecht 12; Guy Marche 122; Picture Finders 140; Saebens-Wiesner 4; Harald Theißen 130
Bilderberg: Frieder Blickle 170; Klaus Bossemeyer 70, 78; Hans-Jürgen Burkard 86; Rainer Drexel 15; Ellerbrock und Schafft 10/11; Michael Ende 46; Klaus-D. Francke 26; Eberhard Grames 62; Wolfgang Kunz 74; Reinhart Wolf 6
Burda Verlag/Meine Familie und ich: M. Harder 21
Fotostudio Eising: L. Ellert 19; 20
Focus: Michael K. Nichols 8; Thomas Tarleton/Claudia Simms (DOT) 7 (beide)
Gruner und Jahr: Essen und Trinken/Richard Stradmann 23; K. Wothe 9
Anne Hamann: Horst Munzig 32
Hans Hebeisen: 112
IFA: Aigner 156; Diaf 184; Everts 94; Fiedler 13 o.; Jetter 90, 182
Mauritius: AGE-Kat. 5; Hackenberg 188; Krinninger 160; Reinhard 14; Hans Schmied 174; Torino 13 u.; Troisfontaines 178; Vidler 2
Sigloch Bildarchiv: Hans Joachim Döbbelin 16/17, 18, 24/25, 60/61, 92/93, 116/117, 180/181 und alle Rezeptfotos auf den ungeraden Seitenzahlen 63 bis 201
Vinum: 98

Redaktionelle Bearbeitung: Dr. Ute Drechsler-Dietz

Printed in Germany
Reproduktion: Otterbach Repro, Rastatt
Druck: W. Kohlhammer, Stuttgart
Papier: 135 g/m² BVS glänzend der Papierfabrik Scheufelen, Lenningen
Bindearbeiten: Sigloch Buchbinderei, Künzelsau
ISBN 3-89393-105-8